עִנְיַן הַבִּנְיָן

ש. שטייער | ח. היימפעלד

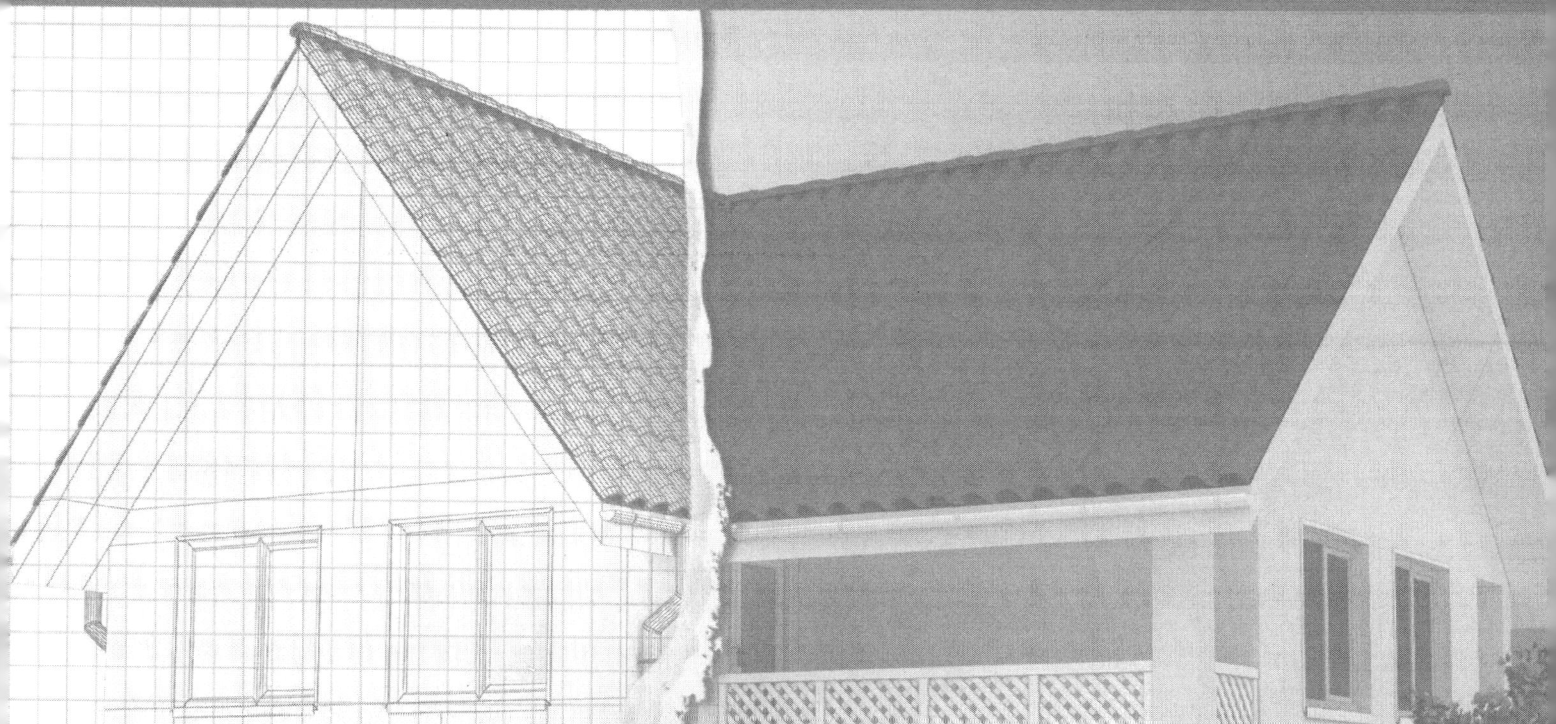

בנין קל | בנין נפעל

Copyright ©2021 Inyan Habinyan

ISBN: 978-1-7331390-0-7

Illustration

G. Luria | 347 946-8780

B. Baumohl | 845 352-4260

Cover

P. Halberstam | 845 352-2227

Review

R. Rosenzweig

All rights reserved. No part of this book may be reproduced by any process whatsoever, in whole or in part, without the written permission of the authors.

היות ומושקע בחוברת זו הון רב ויגיעה רבה, לכן עפ"י דין תורה אנו אוסרים בכל תוקף כל הדפסה צילום והעתקה כולל העתקה חלקית מספר זה, בכלל ובפרט.

להערות והארות:

צו הערן נאך וועגן די ספר רופט:

845 352-6569

בנין קל

חזרה חזרה על יחיד 6
כללים במקבל הפעולה 10
חזרה על יחידה 12
כללים בזכר ונקבה 16
חזרה על רבים 18
כללים ברבים וברבות 22
חזרה על רבות 24
כללים בשמות תואר 28
חזרה על בנין קל 30

משפטים משפטים: מלות זמן 36

בנין נפעל

יחיד הקדמה לבנין נפעל 42
פעלים ביחיד 49
משפטים ביחיד 57
פעלים בקל ונפעל 61

משפטים מקבל הפעולה וגוף 67

יחידה פעלים ביחידה 75
משפטים ביחידה 82
פעלים בקל ונפעל 86

משפטים אותיות השמוש: ב' 91

רבים פעלים ברבים 99
משפטים ברבים 106
פעלים בקל ונפעל 110

משפטים אותיות השמוש: מ' 116

רבות פעלים ברבות 123
משפטים ברבות 130
פעלים בקל ונפעל 134

משפטים אותיות השמוש: ל' 140

משפטים מלות יחס: של 148

מלון לשון הקודש – אידיש 158
אידיש – לשון הקדוש 164

בנין קל

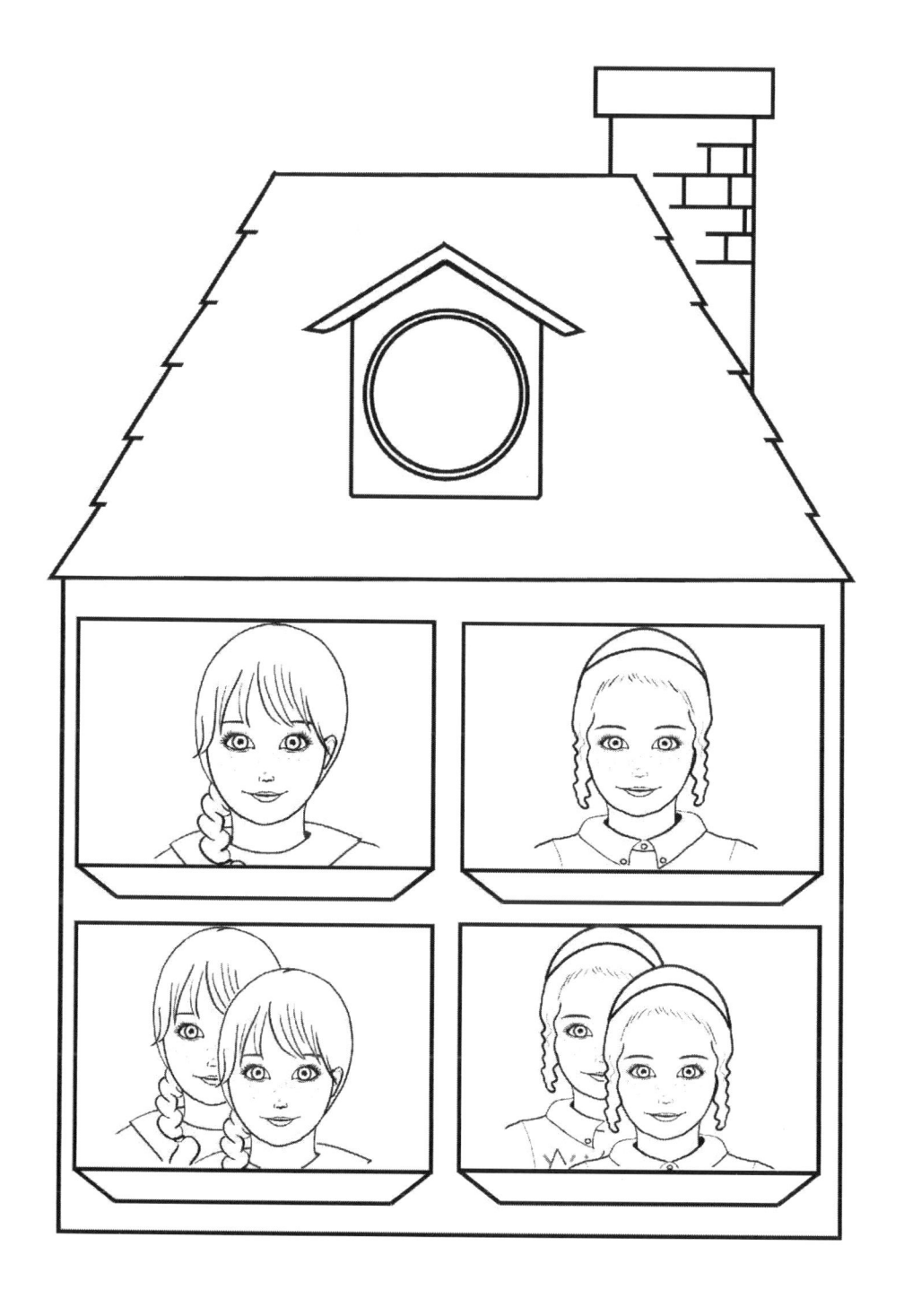

פעלים

פעלים ביחיד		
זָרַקְתִּי	זוֹרֵק	אֶזְרֹק
זָרַקְתָּ	זוֹרֵק	תִּזְרֹק | ← זְרֹק
זָרַק	זוֹרֵק	יִזְרֹק

שרשים							
ז.ר.ק.	ז.כ.ר.	מ.ס.ר.	ק.צ.ר.	ק.שׁ.ר.	שׁ.מ.ר.	שׁ.ק.ל.	שׂ.ר.פ.

שימי כל פועל במקום הנכון

אֶמְסֹר, מוֹסֵר, מָסַרְתָּ, מְסֹר, מוֹסֵר, מָסַר, יִמְסֹר, מוֹסֵר, מָסַרְתִּי, תִּמְסֹר

1.	4.	7.
2.	5.	8. | ←
3.	6.	9.

שימי כל פועל במקום הנכון

קָצַרְתָּ, תִּזְרֹק, שָׁמַר, שָׁקַלְתִּי, אֶקְצֹר, מוֹסֵר, זְכֹר, יִשְׂרֹף, זוֹרֵק, שׁוֹמֵר

1.	4.	7.
2.	5.	8. | ←
3.	6.	9.

זווגי

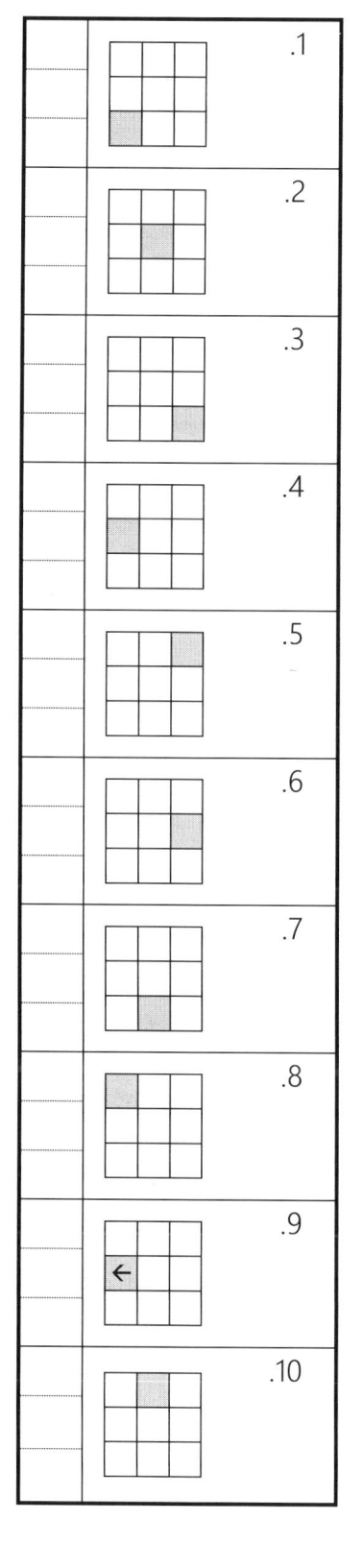

.1 ___	א. אני + הוה	1. דו וועסט טוהן	א. שׁוֹקֵל (הוא)
.2 ___	ב. אתה + עתיד	2. דו האסט געטוהן	ב. יִשְׂרֹף
.3 ___	ג. הוא + עתיד	3. טוה	ג. שָׁקַל
.4 ___	ד. אתה + צווי	4. איך טוה	ד. קוֹשֵׁר (אני)
.5 ___	ה. אני + עבר	5. ער וועט טוהן	ה. תִּקְצֹר
.6 ___	ו. הוא + הוה	6. איך האב געטוהן	ו. זָכַרְתָּ
.7 ___	ז. אני + עתיד	7. איך וועל טוהן	ז. אֶשְׁמֹר
.8 ___	ח. הוא + עבר	8. ער האט געטוהן	ח. קְצֹר
.9 ___	ט. אתה + עבר	9. ער טוט	ט. מוֹסֵר (אתה)
.10 ___	י. אתה + הוה	10. דו טוסט	י. זָרַקְתִּי

תעגלי את הפעלים בגוף "אני"					
יִזְרֹק	קוֹשֵׁר	שָׁקַל	מָסַרְתָּ	זָרַקְתִּי	מוֹסֵר
שָׁמַרְתִּי	אֶשְׂרֹף	תִּזְכֹּר	קוֹצֵר	יִזְכֹּר	אֶקְצֹר

תעגלי את הפעלים בגוף "אתה"					
שָׁקַלְתִּי	תִּזְרֹק	מָסַר	תִּקְצֹר	קְצֹר	שׂוֹרֵף
זְכֹר	זוֹכֵר	יִשְׁמֹר	זוֹרֵק	קָצַרְתָּ	אֶשְׁקֹל

תעגלי את הפעלים בגוף "הוא"					
זוֹכֵר	מָסַר	אֶמְסֹר	זָרַקְתָּ	שׁוֹמֵר	יִזְכֹּר
שָׁקַלְתִּי	שְׁמֹר	שׂוֹרֵף	תִּשְׁקֹל	יִשְׁמֹר	שָׁקַל

כתבי את הפועל
1. איך האב אפגעשניטן.
2. איך וועל פארברענען.
3. ער האט אפגעוואויגן.
4. ער וועט געדענקען.
5. דו בינדסט.
6. איך געב איבער.
7. היט.
8. דו האסט געווארפן.

כתבי את המובן
9. שָׁקַל
10. יִזְכֹּר
11. שָׂרַף
12. מְסֹר
13. קָשַׁרְתִּי
14. תִּזְרֹק
15. אֶשְׁמֹר
16. קוֹשֵׁר

משפטים

כתבי את הפועל והמובן

1.	הַפּוֹעֵל	
	שם עצם	פועל (ק.צ.ר., עבר)

המובן:

2.	הַיֶּלֶד	
	שם עצם	פועל (ז.ר.ק., עבר)

המובן:

3.	שָׁלוֹם	
	שם עצם	פועל (מ.ס.ר., עתיד)

המובן:

4.	הַמֹּחַ	
	שם עצם	פועל (ז.כ.ר., הוה)

המובן:

5.	אֲנִי	
	שם עצם	פועל (ק.ש.ר., עבר)

המובן:

9 | ענין הבנין

שמות עצם

כללים במקבל הפעולה

א משפט קען ווערן געמאכט מער פרטיות'דיג דורך צולייגן א מקבל הפעולה - ווער אדער וואס באקומט די פעולה.	
שָׂרָה כּוֹתֶבֶת מִכְתָּב.	הַמּוֹכֵר שׁוֹקֵל תַּפּוּחִים.

אויב די מקבל הפעולה איז **specific**, דארף מען צולייגן די ווארט "את" צאמצולייגן די פועל און די מקבל הפעולה	
אויב די ווארט האט א ה' הידיעה פארדעם: הַמֶּלֶךְ שָׂרָה כּוֹתֶבֶת אֶת הַמִּכְתָּב.	אויב די ווארט איז specific – די נאמען פון א מענטש אדער פלאץ: שְׁלֹמֹה הַמַּלְכָּה זָכְרָה אֶת שְׁלֹמֹה.

הוסיפי מקבל הפעולה למשפט

.1	אֲנִי	אֶסְפֹּר	
	שם עצם	פועל	מקבל הפעולה
.2	הַשּׂוֹנֵא	שָׂרַף	
	שם עצם	פועל	מקבל הפעולה
.3	הַשּׁוֹפֵט	זָכַר	
	שם עצם	פועל	מקבל הפעולה
.4	אַתָּה	זָרַקְתָּ	
	שם עצם	פועל	מקבל הפעולה

משפטים

כתבי ✓ ליד המשפטים הנכונים

	1. שְׁמוּאֵל	זָכַר	אֶת הַחֲלוֹם.	
	שם עצם	פועל	מקבל הפעולה	

	2. הַמַּלָּח	קָשַׁר	אֶת חֶבֶל.	
	שם עצם	פועל	מקבל הפעולה	

	3. הֶעָנִי	יִסְפֹּר	אֶת הַשְּׁקָלִים.	
	שם עצם	פועל	מקבל הפעולה	

	4. הַסּוֹחֵר	מָכַר	הַחֲפָצִים.	
	שם עצם	פועל	מקבל הפעולה	

כתבי ✓ ליד המשפטים הנכונים, וכתבי את המובן

	5. הַמּוֹרֶה	שָׁקַל	אֶת הַצְּדָדִים.	
	שם עצם	פועל	מקבל הפעולה	

המובן:

	6. אַתָּה	תִּקְצֹר	הַפְּרָחִים.	
	שם עצם	פועל	מקבל הפעולה	

המובן:

	7. הֶחָבֵר	כָּתַב	אֶת מִכְתָּב.	
	שם עצם	פועל	מקבל הפעולה	

המובן:

פעלים

פעלים ביחידה		
סָפַרְתִּי	סוֹפֶרֶת	אֶסְפֹּר
סָפַרְתְּ	סוֹפֶרֶת	תִּסְפְּרִי ← סִפְרִי
סָפְרָה	סוֹפֶרֶת	תִּסְפֹּר

שרשים							
ג.ז.ר.	ג.מ.ל.	ד.ר.ש.	כ.ת.ב.	מ.כ.ר.	ס.פ.ר.	פ.ר.צ.	ר.ד.פ.

שימי כל פועל במקום הנכון

מָכְרָה, אֶמְכֹּר, מוֹכֶרֶת, מָכַרְתְּ, תִּמְכְּרִי

מוֹכֶרֶת, מָכַרְתִּי, מִכְרִי, תִּמְכֹּר, מוֹכֶרֶת

.1	.4	.7	
.2	.5	.8	←
.3	.6	.9	

שימי כל פועל במקום הנכון

דּוֹרֶשֶׁת, תִּגְזְרִי, תִּסְפֹּר, אֶגְמֹל, מָכַרְתְּ

רָדְפָה, פּוֹרֶצֶת, דָּרַשְׁתִּי, מִכְרִי, גּוֹזֶרֶת

.1	.4	.7	
.2	.5	.8	←
.3	.6	.9	

זווגי

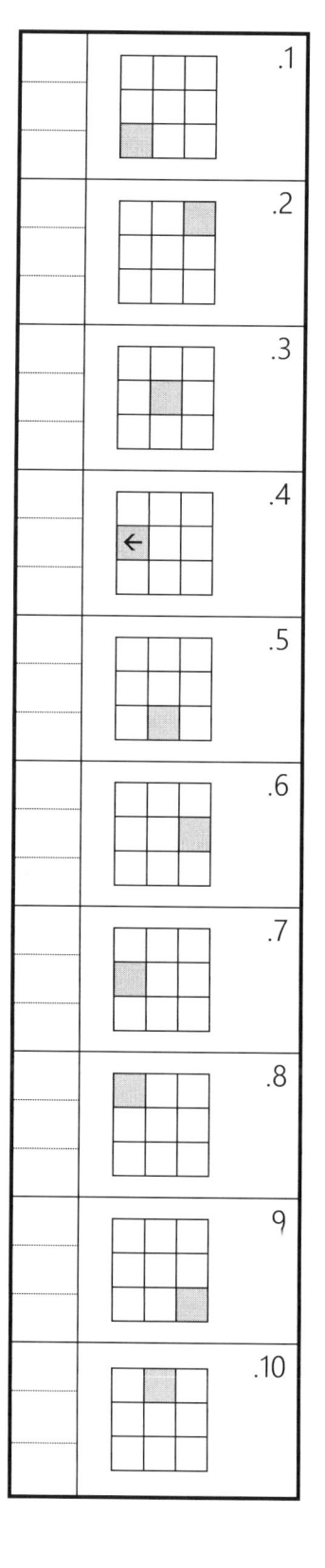

1.		א. היא + עתיד	1. איך האב געטוהן	א. אַתְּ גּוֹמֶלֶת
2.		ב. את + עבר	2. דו ווּעסט טוהן	ב. הִיא קוֹצֶרֶת
3.		ג. את + עתיד	3. איך וועל טוהן	ג. סָפְרָה
4.		ד. אני + עתיד	4. טוה	ד. אֲנִי זוֹכֶרֶת
5.		ה. את + הוה	5. דו טוסט	ה. תִּמְסֹר
6.		ו. היא + הוה	6. איך טוה	ו. תִּסְפְּרִי
7.		ז. את + צווי	7. זי האט געטוהן	ז. אֶפְרֹץ
8.		ח. אני + הוה	8. זי טוט	ח. שָׁקַלְתִּי
9.		ט. היא + עבר	9. זי וועט טוהן	ט. רִדְפִי
10.		י. אני + עבר	10. דו האסט געטוהן	י. מָכַרְתְּ

תעגלי את הפעלים בגוף "אני"

כִּתְבִי	מָכְרָה	תִּמְכֹּר	שִׂרְפִי	אֶדְרֹשׁ	רָדַפְתְּ
שׁוֹקֶלֶת	גָּזַרְתִּי	אֶמְסֹר	זָרַקְתִּי	קוֹצֶרֶת	תִּגְמְלִי

תעגלי את הפעלים בגוף "את"

שָׁמְרָה	תִּקְשֹׁר	דּוֹרֶשֶׁת	גָּזַרְתִּי	תִּגְמְלִי	כָּתַבְתְּ
אֶמְכֹּר	תִּרְדְּפִי	גָּמַלְתְּ	דִּרְשִׁי	פּוֹרֶצֶת	קִשְׁרִי

תעגלי את הפעלים בגוף "היא"

אֶגְזֹר	רָדַפְתְּ	תִּגְמֹל	מוֹכֶרֶת	גָּמְלָה	זָרַקְתִּי
מָכְרָה	זָכְרָה	סוֹפֶרֶת	תִּפְרְצִי	זִרְקִי	כּוֹתֶבֶת

כתבי את הפועל

1. דו שניידסט.
2. איך האב אויפגעבראכן.
3. זי האט נאכגעיאגט.
4. איך געדענק.
5. איך וועל בינדן.
6. זי ציילט.
7. פארברען.
8. דו האסט געציילט.

כתבי את המובן

9. תִּגְזְרִי
10. אֲנִי זוֹכֶרֶת
11. זָכַרְתְּ
12. כִּתְבִי
13. גָּמְלָה
14. שָׂרַפְתִּי
15. רָדְפָה
16. אֶגְמֹל

משפטים

בחרי בפועל הנכון וכתבי את המובן

.1 הַנֶּכְדָּה	
שם עצם	זָרַקְתִּי / זָרַקְתְּ / זָרְקָה

המובן:

.2 אַתְּ	
שם עצם	אֶדְרֹשׁ / דּוֹרֶשֶׁת / דִּרְשִׁי

המובן:

.3 שָׂרָה	
שם עצם	אֶכְתֹּב / תִּכְתְּבִי / תִּכְתֹּב

המובן:

4 הִיא	
שם עצם	אֲסַפֵּר / סִפַּרְתְּ / תְּסַפֵּר

המובן:

15 | עניןהבנין

שמות עצם

כללים בזכר ונקבה

זכר		נקבה	
	כִּסֵּא	1. ענידיגט מיט קמץ ה/ת	מִטָּה/ שִׁבֹּלֶת
אלע ווערטער וואס זענען נישט זכר זענען נקבה	פֶּרַח	2. איברים רבוי זוג + לשון ובטן	רֶגֶל
	אוֹר	3. שמות ערים וארצות + עיר וארץ	אַשְׁדּוֹד

יוצאות מן הכלל

זכר					נקבה			
בַּיִת	זַיִת	מוֹפֵת	מָוֶת	לַיְלָה	אֶבֶן	אֵם	אֵשׁ	אָתוֹן
					בְּאֵר	גָּדֵר	גֶּפֶן	חֶרֶב
					חָצֵר	כּוֹס	כַּף	מַחַט
					נַעַל	נֶפֶשׁ	עֶצֶם	פַּעַם
					צִפּוֹר	צְפַרְדֵּעַ		

תעגלי את המלים בלשון זכר

בְּנֵי בְּרַק	אֹזֶן	כּוֹבַע	גַּן	אוֹת	אֶבֶן
מֹחַ	כֶּלֶב	אָחוֹת	מְדִינָה	מָוֶת	עַיִן
מוֹרָה	חָבִית	נֶפֶשׁ	בַּבְלִית	בַּיִת	מִשְׁפָּחָה

משפטים

כתבי ✓ ליד המשפטים הנכונים וכתבי את המובן		
✓	תעגלי את שם העצם	המובן
☐	1. כֶּלֶב יִזְרֹק עֲצָמוֹת.	
☐	2. יוֹכֶבֶד קָשַׁר אֶת נְעָלֶיהָ.	
☐	3. הַמְּרַגֵּל מוֹסֵר סוֹדוֹת.	
☐	4. יְרוּשָׁלַיִם שָׁמַר עַל יוֹשְׁבֶיהָ.	
☐	5. אֲנִי זָכַר אֶת הַמּוֹפֵת.	
☐	6. הַיָּד זוֹרֵק אֶת הַשַּׂקִּיּוֹת.	

כתבי את המשפט והמובן

1.
- הַיַּלְדָּה
- זָרִיז
- ק.שׁ.ר.
- עתיד

שם עצם	שם תואר	פועל

המובן:

2. די פריינט האט געשאנקען א מתנה.

שם עצם	פועל	מקבל הפעולה

3. כתבי משפט שלך!

שם עצם	שם תואר	פועל

המובן:

פעלים

פעלים ברבים			
פָּגַשְׁנוּ	פוֹגְשִׁים	נִפְגֹּשׁ	
פְּגַשְׁתֶּם	פוֹגְשִׁים	תִּפְגְּשׁוּ	← פִּגְשׁוּ
פָּגְשׁוּ	פוֹגְשִׁים	יִפְגְּשׁוּ	

שרשים							
ג.ד.ר.	ג.מ.ר.	כ.ב.ש.	מ.ש.כ.	ס.ג.ר.	פ.ג.ש.	ק.פ.צ.	ש.פ.כ.

שימי כל פועל במקום נכון				
תִּסְגְּרוּ סוֹגְרִים סְגַרְתֶּם סוֹגְרִים סִגְרוּ סָגַרְנוּ נִסְגֹּר יִסְגְּרוּ סוֹגְרִים סָגְרוּ	.1	.4	.7	
	.2	.5	.8	←
	.3	.6	.9	

שימי כל פועל במקום נכון				
כִּתְבוּ מָשַׁכְנוּ כּוֹבְשִׁים תִּקְצְרוּ נִפְרֹץ גּוֹזְרִים גְּדַרְתֶּם שׁוֹפְכִים יִדְרְשׁוּ קָפְצוּ	.1	.4	.7	
	.2	.5	.8	←
	.3	.6	.9	

זווגי

.1			א. אנחנו + עבר	1. איר טוט.	א. תִקְשְׁרוּ
.2			ב. אתם + עבר	2. מיר וועלן טוהן.	ב. גְמַלְתֶּם
.3			ג. הם + עבר	3. טוהטס.	ג. מִכְרוּ
.4			ד. אנחנו + הוה	4. מיר האבן געטוהן.	ד. כָּבַשְׁנוּ
.5			ה. אתם + הוה	5. מיר טוהן.	ה. אתם גוֹמְרִים
.6			ו. הם + הוה	6. זיי וועלן טוהן.	ו. נִשְׂרֹף
.7			ז. אנחנו + עתיד	7. איר האט געטוהן.	ז. זָכְרוּ
.8			ח. אתם + עתיד	8. זיי טוהן.	ח. יִסְפְּרוּ
.9			ט. אתם + צווי	9. איר וועט טוהן.	ט. הם שׁוֹמְרִים
.10			י. הם + עתיד	10. זיי האבן געטוהן.	י. אנחנו כּוֹתְבִים

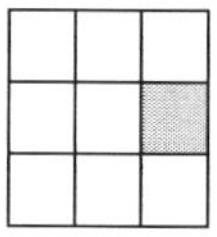

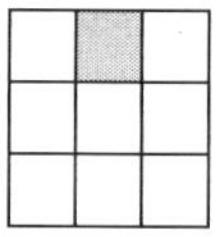

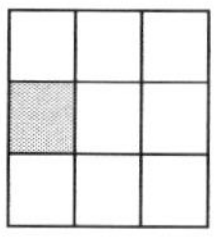

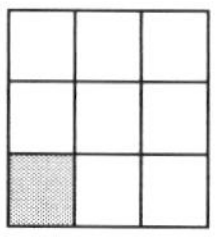

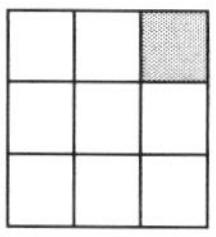

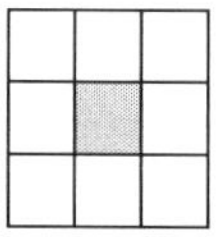

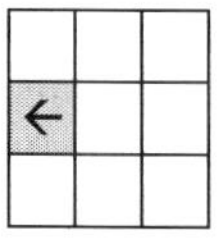

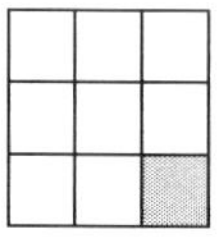

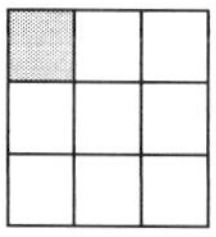

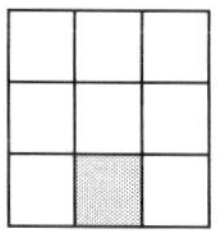

תעגלי את הפעלים בגוף "אנחנו"					
גוֹמְלִים	מְכַרְתֶּם	תִּדְרְשׁוּ	פָּגַשְׁנוּ	זְכַרְתֶּם	נִכְתֹּב
כִּבְשׁוּ	שָׁפַכְנוּ	נִסְפֹּר	קָפְצוּ	רוֹדְפִים	יִמְשְׁכוּ

תעגלי את הפעלים בגוף "אתם"					
זְרַקְתֶּם	יִמְסְרוּ	קָשְׁרוּ	שְׁמַרְתֶּם	תִּזְכְּרוּ	שׁוֹקְלִים
שָׂרַפְנוּ	תִּקְצְרוּ	פִּרְצוּ	דּוֹרְשִׁים	גָּמְלוּ	גִּזְרוּ

תעגלי את הפעלים בגוף "הם"					
כָּתְבוּ	מוֹכְרִים	יִסְפְּרוּ	רִדְפִי	כָּבַשְׁנוּ	גּוֹמְרִים
פְּגַשְׁתֶּם	יִקְפְּצוּ	גָּדְרוּ	תִּמְשְׁכוּ	יִסְגְּרוּ	נִשְׁפֹּךְ

כתבי את הפועל
1. מיר וועלן בינדן.
2. זיי האבן געשפרינגען.
3. זיי ציילן.
4. איר וועט שענקען.
5. מיר האבן איינגענומען.
6. יאגטס נאך.
7. איר האט באגעגענט.
8. זיי וועלן שרייבן.

כתבי את המובן
9. אַתֶּם קוֹצְרִים.
10. גִּדְרוּ.
11. אֲנַחְנוּ נִגְמֹר.
12. גָּמְלוּ.
13. שָׁקַלְנוּ.
14. תִּפְרְצוּ.
15. דְּרַשְׁתֶּם.
16. יִזְכְּרוּ.

משפטים

בחרי בפועל הנכון וכתבי את המובן

1. הַפּוֹעֲלִים	
שם עצם	גָּמַרְנוּ / גְּמַרְתֶּם / גָּמְרוּ

המובן:

2. אַתֶּם	נִשְׁפֹּךְ / שׁוֹפְכִים / קָפְצוּ
שם עצם	

המובן:

3. הַדָּגִים	
שם עצם	נִקְפֹּץ / תִּקְפְּצוּ / יִקְפְּצוּ

המובן:

4 אַתָּה וּמֹשֶׁה	
שם עצם	תִּגְדְּרוּ / יִגְדְּרוּ / גָּדַרְנוּ

המובן:

שמות עצם

כללים ברבים ורבות

רבים	רבות
זכר ווארט: לייג צו א "ים" צו די סוף	נקבה ווארט: נעם ארויס די 'ה' און לייג צו א "ות" צו די סוף
דוגמא: עֵץ ← עֵצִים	דוגמא: עֵצָה ← עֵצוֹת

יוצאות מן הכלל

עס זענען דא רבים ווערטער וואס ענדיגן זיך מיט א וֹת	עס זענען דא רבות ווערטער וואס ענדיגן זיך מיט א יִם
דוגמא: מְקוֹמוֹת, שֵׁמוֹת	דוגמא: בֵּיצִים, מִלִּים

קוק אויף די ווארט וואס איז יחיד/יחידה צו זעהן אויב עס איז זכר אדער נקבה.
אויב די original ווארט איז זכר, איז די ווארט רבים, און אויב די original ווארט איז נקבה, איז עס רבות.

תעגלי את המלים שהן רבות

סְעוּדוֹת	עֲבָדִים	כּוֹכָבִים	חַלּוֹנוֹת
חִטִּים	שֵׁמוֹת	אָזְנַיִם	צִפֳּרִים
סִפּוּרִים	אֲבָנִים	קוֹלוֹת	שְׂמָלוֹת
מִשְׁפָּחוֹת	בְּחִינוֹת	מְשָׁלִים	מִנְהָגִים

משפטים

כתבי ✓ ליד המשפטים הנכונים וכתבי את המובן של המשפטים הנכונים

✓	תעגלי את שם העצם	המובן
☐	1. הַגִּבּוֹרִים כָּבְשׁוּ אֶת הָאָרֶץ.	
☐	2. הָאָבוֹת יִמְסְרוּ הַשְׁקָפוֹת.	
☐	3. הָעֶגְלוֹת יִמְשְׁכוּ אֶת הָעֲגָלוֹת.	
☐	4. הַנָּשִׁים שׁוֹמְרִים אֶת הַתִּינוֹקוֹת.	
☐	5. הַצְּפַרְדְּעִים קוֹפְצִים אֶל הַיָּם.	
☐	6. יוֹסֵף וּבִנְיָמִן יִפְגְּשׁוּ.	

כתבי את המשפט והמובן

7.
- הַיְּדִידִים
- עָלִיז
- ק.צ.ר.
- עבר

שם עצם	שם תואר	פועל

המובן:

8. די אינגלעך ציילן די געלט.

שם עצם	פועל	מקבל הפעולה

9. כתבי משפט שלך!

שם עצם	פועל	מקבל הפעולה

המובן:

פעלים

פעלים ברבות			
שָׁבַרְנוּ	שׁוֹבְרוֹת	נִשְׁבֹּר	
שְׁבַרְתֶּן	שׁוֹבְרוֹת	תִּשְׁבֹּרְנָה	←שְׁבֹרְנָה
שָׁבְרוּ	שׁוֹבְרוֹת	תִּשְׁבֹּרְנָה	

שרשים							
ל.ק.ט.	מ.ר.ד.	ס.מ.כ.	פ.ק.ד.	ר.ק.ד.	ר.ש.מ.	שׁ.ב.ר.	ת.פ.ר.

שימי כל פועל במקום הנכון				
סָמְכוּ נִסְמֹךְ סוֹמְכוֹת סְמַכְתֶּן סוֹמְכוֹת	סְמֹכְנָה סוֹמְכוֹת תִּסְמֹכְנָה סָמַכְנוּ תִּסְמֹכְנָה	1.	4.	7.
		2.	5.	8. ←
		3.	6.	9.

שימי כל פועל במקום הנכון				
נִרְשֹׁם פְּקַדְתֶּן תּוֹפְרוֹת תִּגְמֹרְנָה סָפַרְנוּ	רוֹקְדוֹת תִּלְקֹטְנָה סָמְכוּ פְּקֹדְנָה גּוֹמְרוֹת	1.	4.	7.
		2.	5.	8. ←
		3.	6.	9.

זווגי

1.		א. אנחנו + עבר	1. מיר האבן געטוהן	א. הן תִּשְׁמֹרְנָה
2.		ב. אנחנו + הוה	2. טוה	ב. אתן רוֹשְׁמוֹת
3.		ג. אנחנו + עתיד	3. זיי וועלן טוהן	ג. אתן תִּסְפֹּרְנָה
4.		ד. אתן + עבר	4. זיי טוהן	ד. פְּגַשְׁתֶּן
5.		ה. אתן + הוה	5. איר האט געטוהן	ה. אנחנו גּוֹמְלוֹת
6.		ו. אתן + עתיד	6. מיר טוהן	ו. שָׁפַכְנוּ
7.		ז. אתן + צווי	7. איר וועט טוהן	ז. שְׁבֹרְנָה
8.		ח. הן + עבר	8. זיי האבן געטוהן	ח. נִגְדֹּר
9.		ט. הן + הוה	9. מיר וועלן טוהן	ט. מָרְדוּ
10.		י. הן + עתיד	10. איר טוט	י. הן מוֹשְׁכוֹת

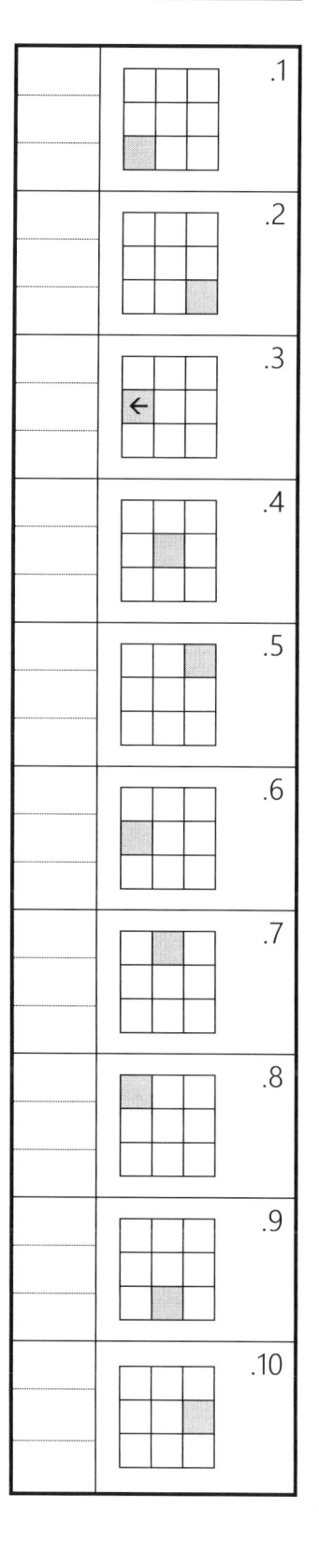

תעגלי את הפעלים בגוף "אנחנו"					
סָפַרְנוּ	גְּמַלְתֶּן	נִלְקֹט	שְׁקֹלְנָה	מָכְרוּ	פּוֹגְשׁוֹת
נִפְרֹץ	גּוֹזְרוֹת	כָּתַבְנוּ	תִּמְכֹּרְנָה	סָגַרְנוּ	תִּקְפֹּצְנָה

תעגלי את הפעלים בגוף "אתן"					
גָּדַרְנוּ	גּוֹמְרוֹת	סָגְרוּ	סְפַרְתֶּן	תִּשְׁפֹּכְנָה	פְּגֹשְׁנָה
כָּבְשׁוּ	מְשַׁכְתֶּן	גְּמֹלְנָה	נִקְפֹּץ	מוֹכְרוֹת	תִּכְתֹּבְנָה

תעגלי את הפעלים בגוף "הן"					
זוֹרְקוֹת	לָקַטְנוּ	שָׁמַרְנוּ	מָרַדְנוּ	שְׁבַרְתֶּן	תִּתְפֹּרְנָה
פְּקַדְתֶּן	קוֹשְׁרוֹת	נִרְשֹׁם	תִּמְסֹרְנָה	סָמְכוּ	רָקַדְנוּ

כתבי את הפועל
1. זיי וועלן פארברענען.
2. מיר האבן איבערגעגעבן.
3. איר וועט אפשניידן.
4. מיר ווידערשפעניגען.
5. איר האט פארקויפט.
6. קלויבטס.
7. מיר וועלן אויסגיסן.
8. זיי האבן פארמאכט.

כתבי את המובן
9. קְפַצְתֶּן.
10. הֵן תִּזְכֹּרְנָה.
11. אַתֶּן דּוֹרְשׁוֹת.
12. סָפְרוּ.
13. אַתֶּן תִּקְפֹּצְנָה.
14. נִגְמֹל.
15. רָשַׁמְנוּ.
16. כְּבֹשְׁנָה.

משפטים

בחרי בפועל הנכון וכתבי את המובן

1. הָרַגְלַיִם	
שם עצם	רָקַדְנוּ / רְקַדְתֶּן / תִּרְקֹדְנָה

המובן:

2. אַתֶּן	
שם עצם	נִלְקֹט / לְקֹטְנָה / לָקְטוּ

המובן:

3. הַצִּפֳּרִים	
שם עצם	רִדְפִי / רְדַפְתֶּן / רוֹדְפוֹת

המובן:

4 חַנָּה וְחַוָּה	
שם עצם	שָׁבַרְנוּ / שְׁבַרְתֶּן / שָׁבְרוּ

המובן:

עניןהבנין | 27

שמות עצם

כללים בשמות תואר

די שם תואר קומט אייביג נאך די שם עצם

הַמֶּלֶךְ הַטּוֹב, הָאִישׁ הַזָּקֵן

די שם עצם מיז צופאסן צו די שם תואר אין צווי וועגן:

א. במספר ובמין	ב. specificness
די שם עצם און די שם תואר מוזן ביידע זיין יחיד, יחידה, רבים, אדער רבות.	אויב די שם עצם איז specific, מיז די שם תואר אויך זיין specific
דוגמא: יֶלֶד טוב, ילדה טובה, ילדים טובים, ילדות טובות	דוגמא: הילד הטוב, אַבְרָהָם הַזָּקֵן / ילד טוב

כתבי גָּדוֹל, גְּדוֹלָה, גְּדוֹלִים, גְּדוֹלוֹת		
1. בַּיִת	5. סִפּוּר	9. שְׁגִיאָה
2. גַּנִּים	6. דִּירָה	10. עֻגָּה
3. שְׂמָלוֹת	7. דָּגִים	11. מְדִינוֹת
4. שֶׁלֶג	8. מִלְחָמוֹת	12. נְחָשִׁים

משפטים

	כתבי את שם התואר הנכון, וכתבי מובן המשפט
	1. הַסּוֹפֵר _____ (זקן) כָּתַב.
	2. אַתֶּן מוֹכְרוֹת שְׂמָלוֹת _____ (חדש).
	3. הַגַּנָּבִים _____ (זריז) יִפְרְצוּ אֶת הַגָּדֵר.
	4. אֲנִי מָסַרְתִּי אֶת הַתְּמוּנָה _____ (יפה).

הוסיפי שמות תואר למשפט וכתבי את המובן

5.

שם עצם	שם תואר	פועל	מקבל הפעולה	שם תואר
הָאִישׁ		גּוֹמֵר	אֶת הָעֲבוֹדָה	

המובן: _____

6.

שם עצם	שם תואר	פועל	מקבל הפעולה	שם תואר
הַבָּנִים		שָׁבְרוּ	אֶת הַחֲפָצִים	

המובן: _____

7.

שם עצם	שם תואר	פועל	מקבל הפעולה	שם תואר
מִרְיָם		תִּפְגֹּשׁ	אֶת הַשְּׁכֵנָה	

המובן: _____

8.

שם עצם	שם תואר	פועל	תואר פועל	שם תואר
הַבְּהֵמוֹת		רָדְפוּ	אַחֲרֵי הַיְלָדִים	

המובן: _____

חזרה על בנין קל

בשרש ת.פ.ר.
בשרש ס.ג.ר.
בשרש כ.ת.ב.
בשרש ג.ד.ר.

ענין הבנין | 30

כתבי את הגוף

אני	אתה	את	הוא	היא
אנחנו	אתם	אתן	הם	הן

1. סָמְכָה	
2. תִּרְשְׁמִי	
3. פָּקְדָנָה	
4. לָקַטְתִּי	
5. שְׁפַכְתֶּם	
6. מִשְׁכִי	
7. קָפַצְתְּ	
8. תִּגְמְרוּ	
9. תִּרְדֹּף	
10. מָכְרוּ	
11. אֶגְזֹר	
12. דָּרַשְׁנוּ	
13. קָצְרָה	
14. שְׁקֹל	
15. נִשְׁמֹר	
16. תִּמְסֹרְנָה	
17. פְּקַדְתֶּן	
18. סִגְרוּ	
19. גָּמַרְתִּי	
20. נִמְרֹד	

כתבי את הזמן

עבר	הוה
עתיד	צווי
21. אֶמְרֹד	
22. תּוֹפֵר	
23. רְקֹדְנָה	
24. תִּשְׁבֹּר	
25. סָגַרְתְּ	
26. גָּדַרְתִּי	
27. יִפְגֹּשׁ	
28. כּוֹבֶשֶׁת	
29. סִפְרִי	
30. כָּתַב	
31. גּוֹמְלִים	
32. פָּרְצוּ	
33. יִשְׂרְפוּ	
34. זוֹכְרוֹת	
35. קְשֹׁר	
36. זָרַקְנוּ	
37. שִׁבְרוּ	
38. תִּקְפֹּצְנָה	
39. כָּבַשׁ	
40. נִסְמֹךְ	

בחרי בפועל הנכון, וכתבי את המובן

גוף/שם עצם	פועל		המובן
1. אֱלִיעֶזֶר וְאֶלְעָזָר	פָּרְצוּ	פְּרַצְתֶּם	
2. אֱלִישֶׁבַע	סוֹמֵךְ	סוֹמֶכֶת	
3. אֵלִיָּהוּ וְהוּא	תִּרְשְׁמוּ	יִרְשְׁמוּ	
4. הַמּוֹרָה	פָּקְדָה	פָּקַדְתְּ	
5. הֵם וְהֵן	לוֹקְטִים	לוֹקְטוֹת	
6. אֲנַחְנוּ	יִשְׁפֹּךְ	נִשְׁפֹּךְ	
7. בָּחוּרִים	מִשְׁכוּ	יִמְשְׁכוּ	
8. אֲנִי	קָפַצְתִּי	קָפַצְתְּ	
9. אַתְּ	רִדְפִי	רִדְפוּ	
10. הַמֶּלֶךְ	גָּמַר	גָּמְרָה	

כתבי את הפועל בעבר הוה ועתיד

שם עצם	פועל		
	עבר	הוה	עתיד
1. דְּבוֹרָה	ק צ ר	ק צ ר	ק צ ר
2. הַשְּׁבָטִים וְיַעֲקֹב	ז כ ר	ז כ ר	ז כ ר
3. הַכִּתָּה	ס פ ר	ס פ ר	ס פ ר
4. בִּנְיָמִין וַאֲנִי	ר ד פ	ר ד פ	ר ד פ
5. יִשְׂרָאֵל וְיִשָּׂשכָר	מ ס ר	מ ס ר	מ ס ר
6. מִשְׁפָּחוֹת	ס פ ר	ס פ ר	ס פ ר
7. אַתָּה וְאַתְּ	מ כ ר	מ כ ר	מ כ ר
8. הֵן וְהִיא	ר ד פ	ר ד פ	ר ד פ

כתבי את הפועל והמובן

1. הַסַּדְרָן	
שם עצם	פועל (מ.ש.כ. עבר)

המובן:

2. הַמְּחוּתָּנִים וְהַיְלָדִים	
שם עצם	פועל (ס.מ.כ., הוה)

המובן:

3. הֶחָתָן וְהַכַּלָּה	
שם עצם	פועל (ז.כ.ר., עתיד)

המובן:

33 | ענין הבנין

כתבי את המשפט והמובן

1.
- הַזָּקֵן
- חַד
- ד.ר.ש.
- הוה
- אֶל
- בַּחוּרִים

שם עצם	שם תואר	פועל	מלת יחס	מקבל הפעולה

המובן: _____

2.
- הָאִשָּׁה
- חָבִיב
- ר.ק.ד.
- עבר
- עַל
- רִצְפָּה
- רָחָב

שם עצם	שם תואר	פועל	מלת יחס	מקבל הפעולה	שם תואר

המובן: _____

כתבי את המשפט בלשון הקודש

3. די אלטע מאָלער וועט ענדיגען א קליינע בילד פאר די לאנגע נאכט.

שם עצם	שם תואר	פועל	מקבל הפעולה	שם תואר	מלת יחס	שם עצם	שם תואר

4. די קליינע מיידל האט געשניטן די טייערע סחורה אויף די גרויסע טיש.

שם עצם	שם תואר	פועל	מקבל הפעולה	שם תואר	מלת יחס	שם עצם	שם תואר

משפטים

מִלּוֹת זְמַן

יום	שבוע	שנה
עֶרֶב	יום ראשון	חֹדֶשׁ
בֹּקֶר	יום שני	רֹאשׁ חֹדֶשׁ
צָהֳרַיִם	יום שלישי	
	יום רביעי	חֹרֶף
מֻקְדָּם	יום חמישי	קַיִץ
מְאֻחָר	יום ששי	סְתָו
	שבת	אָבִיב
לִפְנֵי הַצָּהֳרַיִם		
אַחֲרֵי הַצָּהֳרַיִם	הַיּוֹם	הַשָּׁנָה הַזֹּאת
	מָחָר	הַשָּׁנָה שֶׁעָבְרָה
בַּבֹּקֶר	אֶתְמוֹל	הַשָּׁנָה הַבָּאָה
בָּעֶרֶב		
בַּלַּיְלָה	לִפְנֵי שְׁבוּעַיִם	הַרְבֵּה שָׁנִים
כָּל יוֹם	סוֹף שָׁבוּעַ	כַּמָּה שָׁנִים
כְּבַר, תָּמִיד, עַכְשָׁיו		

מלות זמן במשפט

דוגמא: הַתַּלְמִיד כָּתַב מִכְתָּב בַּבֹּקֶר.

ענין הבנין | 36

כתבי את הפועל והמובן

1.	אֲנִי	אֶגְמֹל	
	שם עצם	פועל	מלת זמן

המובן:

2.	הַיֶּלֶד	הַשּׁוֹבָב	קוֹפֵץ	
	שם עצם	שם תואר	פועל	מלת זמן

המובן:

3.	הַסּוֹחֵר	מָכַר	מְעִילִים	
	שם עצם	פועל	מקבל הפעולה	מלת זמן

המובן:

4.	הַמַּתְמִידִים	הַחֲשׁוּבִים	דּוֹרְשִׁים	
	שם עצם	שם תואר	פועל	מלת זמן

המובן:

5.	אַתָּה	גָּמַרְתָּ	אֶת הָעֲבוֹדָה	
	שם עצם	פועל	מקבל הפעולה	מלת זמן

המובן:

כָּל יוֹם	אֶתְמוֹל	בָּעֶרֶב	בַּחוֹרֶף	הַרְבֵּה שָׁנִים

תחברי משפט שלם מכל חלקי המשפט, וכתבי את מובן המשפט

1.
- אֲנִי
- מ.ס.ר.
- עתיד
- אֶת הַסֵּפֶר
- בָּעֶרֶב

שם עצם	פועל	מקבל הפעולה	מלת זמן

המובן:

2.
- הַצָּבָא
- פ.ר.צ.
- עתיד
- אֶת הַחוֹמָה
- מָחָר!

שם עצם	פועל	מקבל הפעולה	מלת זמן

המובן:

3.
- בַּעַל הַבַּיִת
- ג.ד.ר.
- הוה
- חָצֵר
- הַיּוֹם

שם עצם	פועל	מקבל הפעולה	מלת זמן

המובן:

4. די שניידערן האט געניייט ביז ראש חודש.

שם עצם	פועל	מלת זמן

5. די ארימעלייט האבן געקליבן ווייץ אין די פרילינג.

שם עצם	פועל	מקבל הפעולה	מלת זמן

6. דו וועסט באגעגענען מרדכי ביים סוף פון די וואך.

שם עצם	פועל	מקבל הפעולה	מלת זמן

עני על השאלות במשפט שלם, השתמשי במלות זמן

מָתַי תִּגְמֹר הַכִּתָּה אֶת עִנְיַן הַבִּנְיָן?

בְּאֵיזֶה זְמַן בַּשָּׁנָה קוֹצְרִים אֶת הַחִטִּים?

בְּאֵיזֶה זְמַן בַּשָּׁבוּעַ מוֹכְרִים פְּרָחִים?

בְּאֵיזֶה זְמַן בַּיּוֹם קוֹשְׁרִים נַעֲלַיִם?

מָתַי סָגַרְתְּ אֶת הַדֶּלֶת?

כתבי משפטים שלך

שם עצם	שם תואר	פועל	מלת זמן

המובן:

שם עצם	פועל	מקבל הבפועלה	מלת זמן

המובן:

בנין נפעל

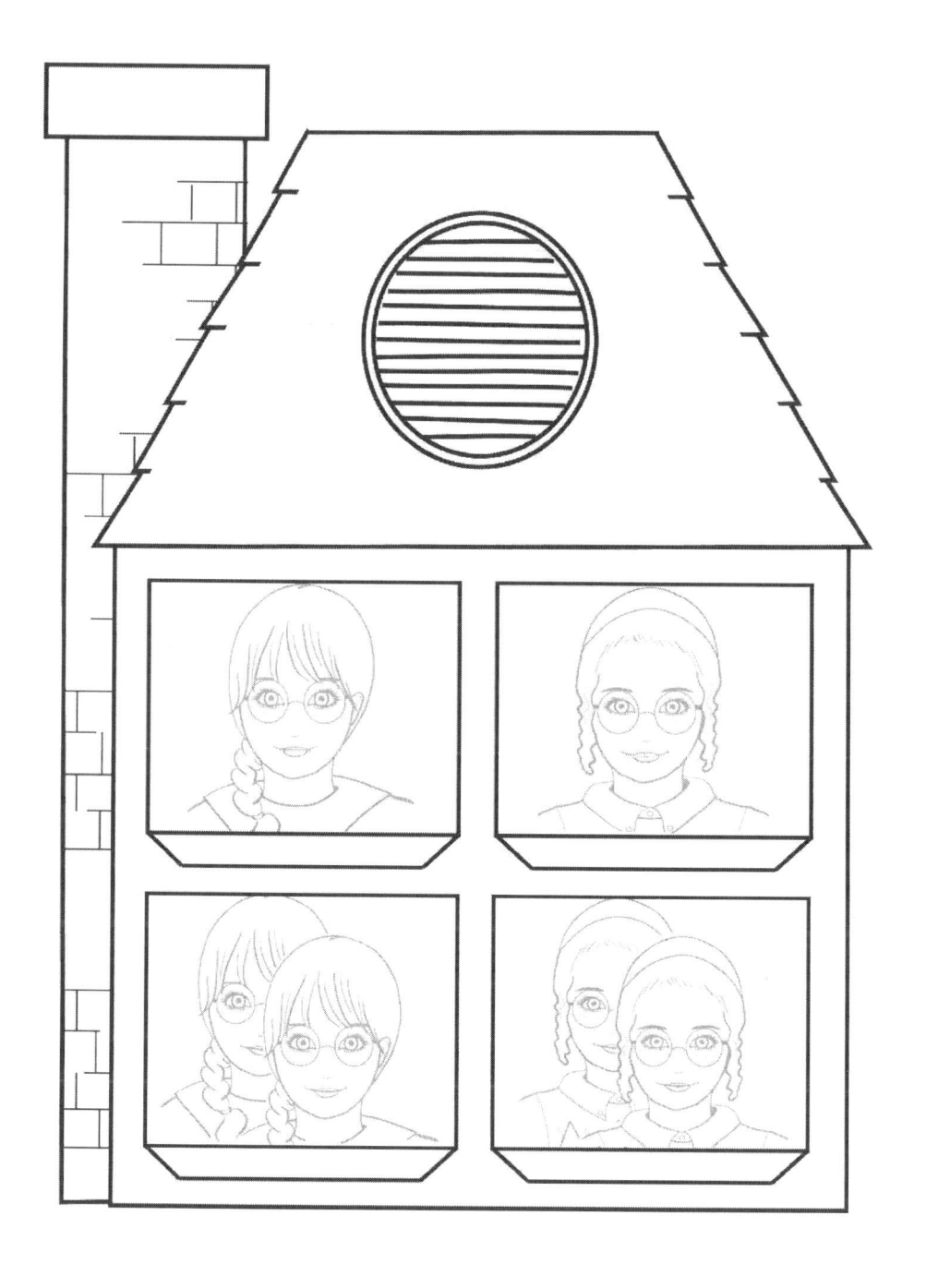

נטיית בנין פעיל וסביל

פָּעִיל	סָבִיל

בנין קל	בנין נפעל

בחרי בנטיית בפעיל או סביל		
1. איך האב אויפגעהויבן די בעכער.	פעיל	סביל
2. דו ביסט געהיטן געווארן.	פעיל	סביל
3. ער איז איינגעצוימט געווארן.	פעיל	סביל
4. זי וועט ווארפן זאמט.	פעיל	סביל
5. איר ווערט איבערגעגעבן אין זייערע הענט.	פעיל	סביל
6. די טעלער איז צובראכן געווארן.	פעיל	סביל
7. זיי האבן גענייט די סחורה.	פעיל	סביל
8. די פייער האט פארברענט די חלה.	פעיל	סביל

עניןהבנין | **42**

משפטים בפעיל ובסביל

פָּעִיל

שם עצם	פועל	שם עצם (מקבל הפעולה)

סָבִיל

מקבל הפעולה (שם עצם)	פועל	על ידי מי?

כתבי את המשפטים בנטיית פעיל או סביל

1. מיר	היטן	די אינגל.	←	דער אינגל	ווערט געהיטן	דורך אונז.
2. מיין מאמע	האט אנגעטוהן	מיין שוועסטער.	←			
3. די לערערין	לערנט אויס	די תלמידות.	←			
4. שמואל	האט פאררארכטן	דער זייגער.	←			
5. די גבאים	וועלן אויסשטעלן	די טישן.	←			
6. דאס קינד	האט אויסגעגאסן	דאס געטראנק.	→	דאס געטראנק	איז אויסגעגאסן געווארן	דורך דאס קינד.
7.			→	דאס גראז	ווערט געוואסערט	דורך דער גארטנער.
8.			→	איר	וועט געציילט ווערן	דורך דער אנפירער.
9.			→	דער מאנטל	ווערט אויפגעהאנגן	דורך דער טאטע.
10.			→	די אתרוגים	וועלן פארקויפט ווערן	דורך די אתרוג סוחרים.
11.			→	דאס בוך	וועט געשריבן ווערן	דורך דער שרייבער.

כתבי את השרשים בנטיית פעיל וסביל			
מובן בקל (פָּעִיל)		מובן בנפעל (סָבִיל)	
1. שׁ.מ.ר.		שׁ.מ.ר.	
2. ז.ר.ק.		ז.ר.ק.	
3. פ.ר.צ.		פ.ר.צ.	
4. כ.ת.ב.		כ.ת.ב.	
5. ס.ג.ר.		ס.ג.ר.	
6. ק. שׁ.ר.		ק. שׁ.ר.	
7. ג.מ.ל.		ג.מ.ל.	
8. מ.כ.ר.		מ.כ.ר.	
9. שׁ.ב.ר.		שׁ.ב.ר.	

המובן בסביל

איך בין געווארן	איך ווער געטוהן	איך וועל געטוהן ווערן
דו ביסט געווארן	דו ווערסט געטוהן	דו וועסט געטוהן ווערן
ער איז געווארן	ער ווערט געטוהן	ער וועט געטוהן ווערן

צבעי את המובן

1. אני הוה

איך בין געווארן	איך ווער	איך וועל ווערן
דו ביסט געווארן	דו ווערסט	דו וועסט ווערן
ער איז געווארן	ער ווערט	ער וועט ווערן

2. אתה עבר

איך בין געווארן	איך ווער	איך וועל ווערן
דו ביסט געווארן	דו ווערסט	דו וועסט ווערן
ער איז געווארן	ער ווערט	ער וועט ווערן

3. הוא עתיד

איך בין געווארן	איך ווער	איך וועל ווערן
דו ביסט געווארן	דו ווערסט	דו וועסט ווערן
ער איז געווארן	ער ווערט	ער וועט ווערן

4. אתה הוה

איך בין געווארן	איך ווער	איך וועל ווערן
דו ביסט געווארן	דו ווערסט	דו וועסט ווערן
ער איז געווארן	ער ווערט	ער וועט ווערן

5. אני עתיד

איך בין געווארן	איך ווער	איך וועל ווערן
דו ביסט געווארן	דו ווערסט	דו וועסט ווערן
ער איז געווארן	ער ווערט	ער וועט ווערן

6. הוא עבר

איך בין געווארן	איך ווער	איך וועל ווערן
דו ביסט געווארן	דו ווערסט	דו וועסט ווערן
ער איז געווארן	ער ווערט	ער וועט ווערן

7. אתה עתיד

איך בין געווארן	איך ווער	איך וועל ווערן
דו ביסט געווארן	דו ווערסט	דו וועסט ווערן
ער איז געווארן	ער ווערט	ער וועט ווערן

8. הוא הוה

איך בין געווארן	איך ווער	איך וועל ווערן
דו ביסט געווארן	דו ווערסט	דו וועסט ווערן
ער איז געווארן	ער ווערט	ער וועט ווערן

9. אני עבר

איך בין געווארן	איך ווער	איך וועל ווערן
דו ביסט געווארן	דו ווערסט	דו וועסט ווערן
ער איז געווארן	ער ווערט	ער וועט ווערן

כתבי את הגוף והזמן באידיש

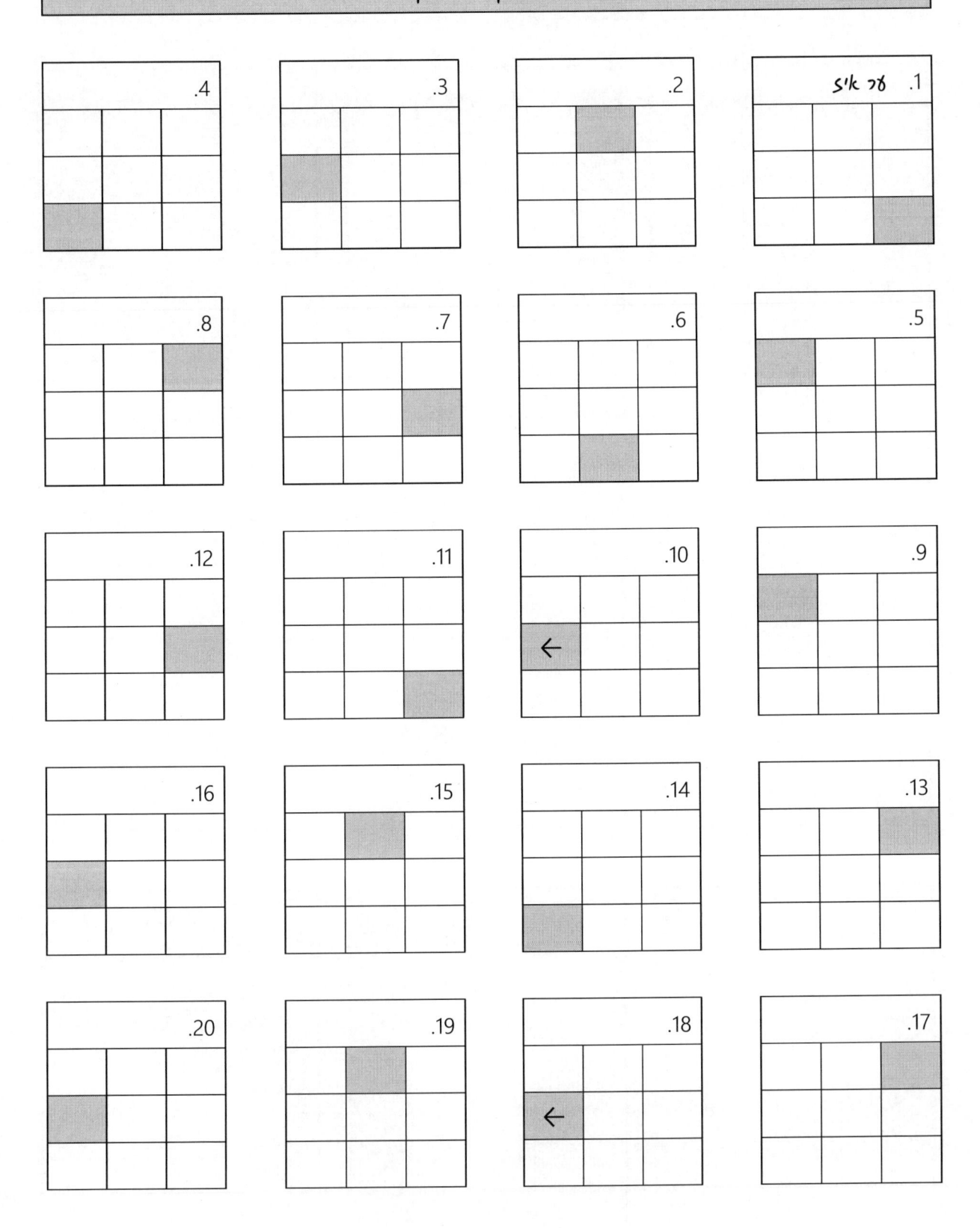

1. ער איז
2.
3.
4.
5.
6.
7.
8.
9.
10. ←
11.
12.
13.
14.
15.
16.
17.
18. ←
19.
20.

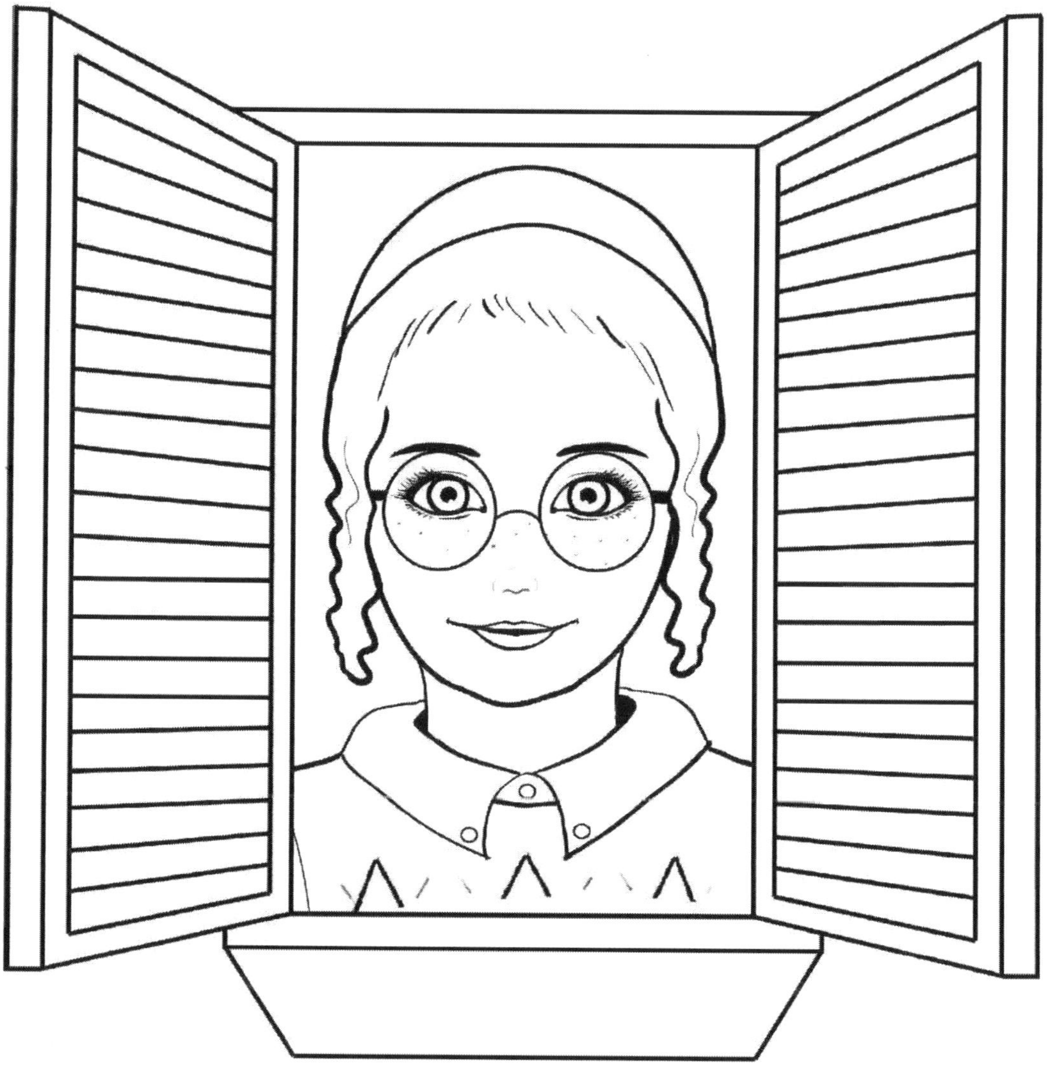

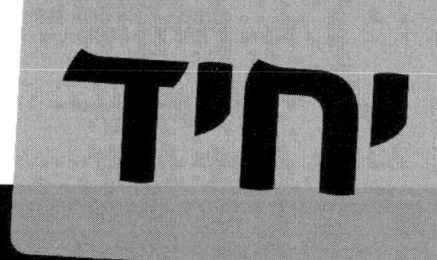

יחיד

בנין נפעל

יחיד

שרשים חדשים				
שׁ.ל.ט.	לִשְׁלֹט		לְהִשָּׁלֵט	
ט.ב.ל.	לִטְבֹּל		לְהִטָּבֵל	
ס.ת.ר.	לִסְתֹּר		לְהִסָּתֵר	
פ. שׁ.ט.	לִפְשֹׁט		לְהִפָּשֵׁט	

צבעי את המספר הנכון

1. איך בין געוואָרן

7	4	1
8	5	2
9	6	3

2. דו ווערסט

7	4	1
8	5	2
9	6	3

3. איך וועל ווערן

7	4	1
8	5	2
9	6	3

4. ער איז געוואָרן

7	4	1
8	5	2
9	6	3

5. ער וועט ווערן

7	4	1
8	5	2
9	6	3

6. דו וועסט ווערן

7	4	1
8	5	2
9	6	3

7. איך ווער

7	4	1
8	5	2
9	6	3

8. דו ביסט

7	4	1
8	5	2
9	6	3

9. ער ווערט

7	4	1
8	5	2
9	6	3

10. איך וועל ווערן

7	4	1
8	5	2
9	6	3

11. דו ביסט געוואָרן

7	4	1
8	5	2
9	6	3

12. ווער!

7	4	1
8	5	2
9	6	3

כתבי את את הגוף והזמן באידיש

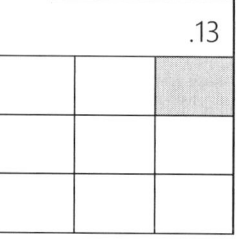

.13

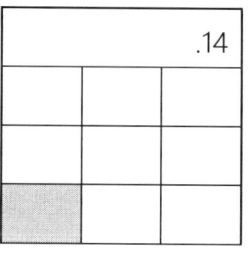

.14

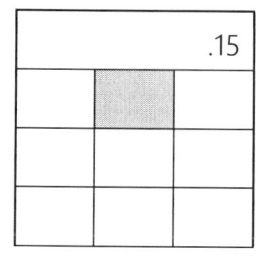

.15

.16

.17

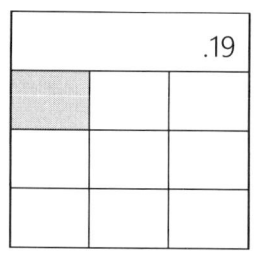

.18

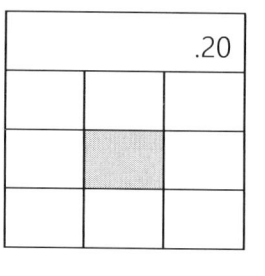

.19

.20

49 | עניןהבנין

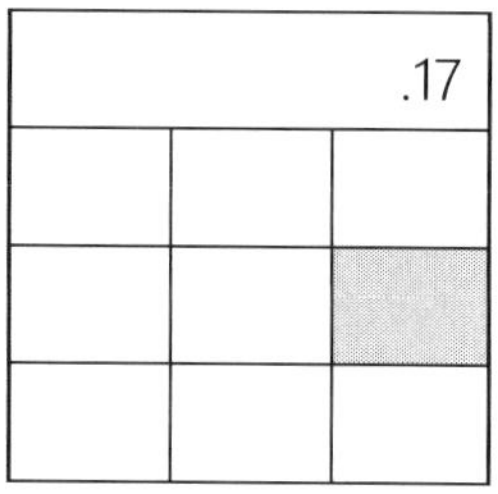

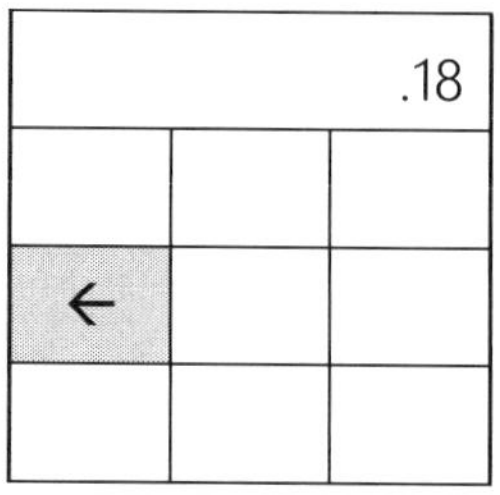

הצורה של בנין נפעל

פעלים ביחיד

	עבר	הוה	עתיד
אני	נִטְבַּלְתִּי	נִטְבָּל	אֶטָּבֵל
אתה	נִטְבַּלְתָּ	נִטְבָּל	תִּטָּבֵל הִטָּבֵל←
הוא	נִטְבַּל	נִטְבָּל	יִטָּבֵל

כתבי את הפעלים בשרש פ.ש.ט.

	עבר	הוה	עתיד
אני			
אתה			←
הוא			

כתבי את הפועל במקום הנכון

1. נִשְׁלַט

7	4	1
8	5	2
9	6	3

2. נִשְׁלַטְתִּי

7	4	1
8	5	2
9	6	3

3. נִשְׁלָט (אתה)

7	4	1
8	5	2
9	6	3

4. תִּשָּׁלֵט

7	4	1
8	5	2
9	6	3

5. הִשָּׁלֵט

7	4	1
8	5	2
9	6	3

6. יִשָּׁלֵט

7	4	1
8	5	2
9	6	3

7. נִשְׁלַטְתָּ

7	4	1
8	5	2
9	6	3

8. אֶשָּׁלֵט

7	4	1
8	5	2
9	6	3

9. נִשְׁלָט (אני)

7	4	1
8	5	2
9	6	3

כתבי את המובן במקום הנכון

1. נִסְתָּר (הוא)

7	4	1
8	5	2
9	6	3

2. אֶסָּתֵר

7	4	1
8	5	2
9	6	3

3. נִסְתַּרְתְּ

7	4	1
8	5	2
9	6	3

4. תִּסָּתֵר

7	4	1
8	5	2
9	6	3

5. נִסְתַּר

7	4	1
8	5	2
9	6	3

6. הִסָּתֵר

7	4	1
8	5	2
9	6	3

7. נִסְתַּרְתִּי

7	4	1
8	5	2
9	6	3

8. נִסְתָּר (אתה)

7	4	1
8	5	2
9	6	3

9. יִסָּתֵר

7	4	1
8	5	2
9	6	3

צבעי את המספר הנכון

1. נִפְשַׁט
2. נִפְשָׁט
3. יִפָּשֵׁט
4. נִפְשַׁטְתִּי
5. הִפָּשֵׁט

7	4	1
8	5	2
9	6	3

6. נִטְבַּלְתָּ
7. תִּטָּבֵל
8. נִטְבָּל
9. יִטָּבֵל
10. נִטְבַּל

7	4	1
8	5	2
9	6	3

11. נִשְׁלָט
12. הִשָּׁלֵט
13. אֶשָּׁלֵט
14. נִשְׁלַטְתִּי
15. תִּשָּׁלֵט

7	4	1
8	5	2
9	6	3

כתבי את הפועל

16. ס ת ר
17. ס ת ר
18. ס ת ר
19. ס ת ר
20. ס ת ר
21. ס ג ר
22. ס ג ר
23. ס ג ר
24. ס ג ר
25. ס ג ר

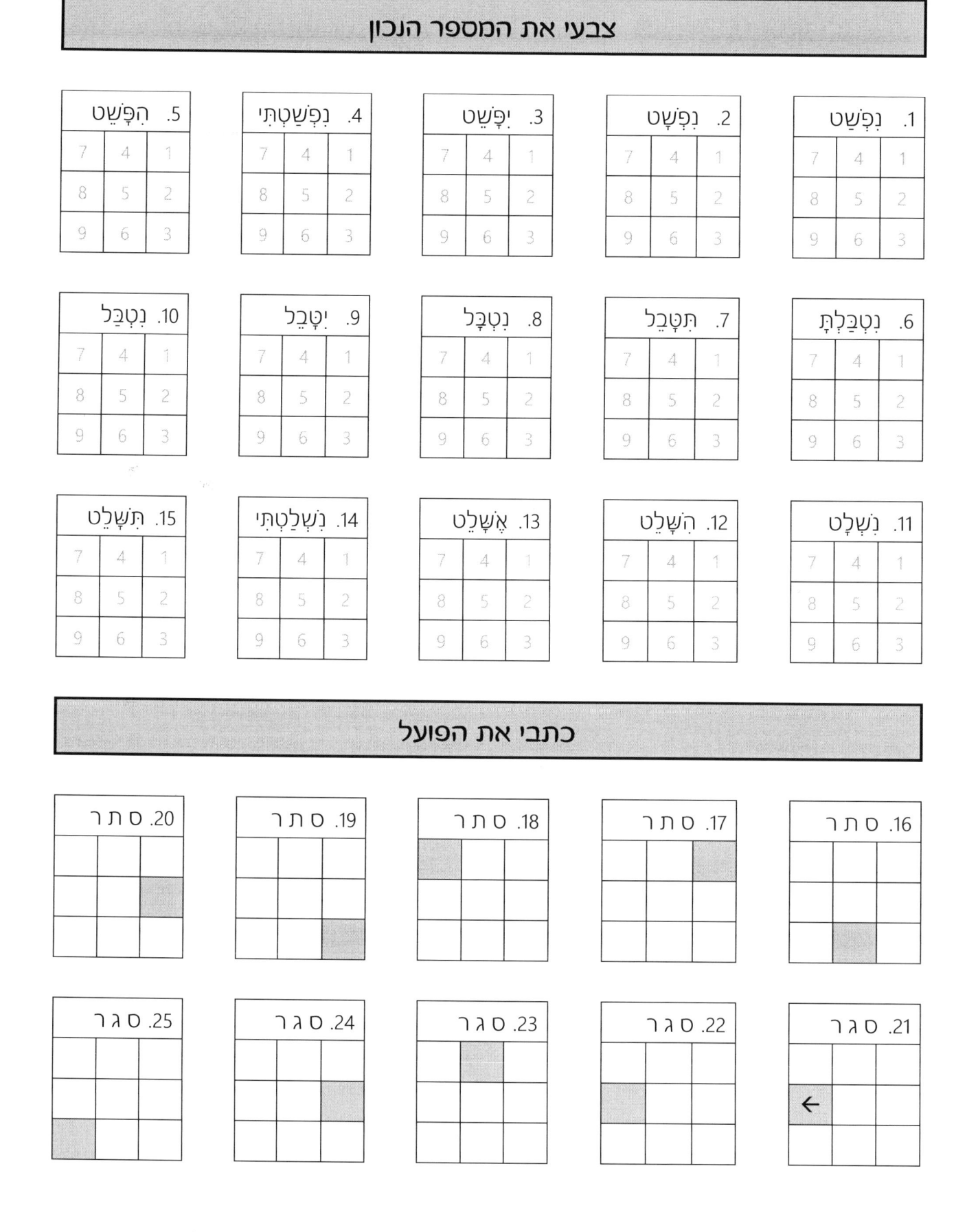

כתבי את הגוף		
אני	אתה	הוא
1. נִטְבָּל		
2. נִטְבַּלְתִּי		
3. אֶטָּבֵל		
4. נִטְבַּל		
5. הִטָּבֵל		
6. נִפְשָׁט		
7. נִפְשַׁטְתָּ		
8. תִּפָּשֵׁט		
9. הִפָּשֵׁט		
10. יִפָּשֵׁט		

כתבי את הזמן			
עבר	הוה	עתיד	צווי
11. תִּקָּצֵר			
12. נִקְצַרְתָּ			
13. הִקָּצֵר			
14. נִקְצָר			
15. נִקְצַר			
16. יִשָּׁבֵר			
17. נִשְׁבַּרְתִּי			
18. הִשָּׁקֵל			
19. נִשְׁקָל			
20. אֶשָּׁקֵל			

כתבי את הפועל		
גוף • זמן	פועל	המובן
21. אני • הוה	ז כ ר	
22. הוא • עבר	ז כ ר	
23. אתה • עתיד	ז כ ר	
24. אתה • עבר	ז כ ר	
25. אתה • צווי	ז כ ר	
26. אני • עתיד	ז כ ר	

כתבי את הפעלים בזמן הנכון		
1. מָחָר הוּא יִפָּשֵׁט	הַיּוֹם הוּא ________	אֶתְמֹל הוּא ________
2. הַיּוֹם אַתָּה נִטְבָּל	אֶתְמֹל אַתָּה ________	מָחָר אַתָּה ________
3. מָחָר הוּא יִזָּרֵק	אֶתְמֹל הוּא ________	הַיּוֹם הוּא ________
4. הַיּוֹם אֲנִי נִזְכָּר	אֶתְמֹל אֲנִי ________	מָחָר אֲנִי ________
5. מָחָר אֲנִי אֶסָּפֵר	אֶתְמֹל אֲנִי ________	הַיּוֹם אֲנִי ________
6. אֶתְמֹל הוּא נִשְׁפַּךְ	מָחָר הוּא ________	הַיּוֹם הוּא ________

כתבי את הפועל והמובן				
גוף	שרש	זמן	פועל	מובן
7. הוא	ס.ג.ר.	עבר		
8. אני	פ.ת.ר.	עבר		
9. אתה	ש.ב.ר.	צווי		
10. הוא	ג.מ.ל.	עתיד		
11. אתה	ט.ב.ל.	הוה		

זווגי את הפועל לגוף+זמן הנכונים, ולמובן הנכון		
1. נִפְשַׁטְתִּי __ __	1. אתה + הוה	א. דו ביסט באגעגענט געווארן.
2. תִּסָּתֵר __ __	2. אני + עתיד	ב. ער וועט געווארפן ווערן.
3. נִמְשַׁךְ __ __	3. הוא + עתיד	ג. דו ווערסט איינגעטונקען.
4. יִזָּרֵק __ __	4. אני + עבר	ד. איך וועל פארקויפט ווערן.
5. נִטְבַּל __ __	5. הוא + עבר	ה. איך בין אפגעטוהן געווארן.
6. אֶמָּכֵר __ __	6. אתה + עבר	ו. דו וועסט צושטערט ווערן.
7. נִפְגַּשְׁתָּ __ __	7. אתה + עתיד	ז. ער איז געצויגן געווארן.

כתבי את הפועל, הגוף, השרש, והזמן				
מובן	פועל	גוף	שרש	זמן
8. ער איז געדונגען געווארן.				
9. דו וועסט באקוקט ווערן.				
10. איך ווער צושטערט.				
11. ער וועט געקליבן ווערן.				
12. איך ווער פארמאכט.				

משפטים בבנין נפעל

			בחרי בגוף ראשון, גוף שני, או גוף שלישי				
גוף שלישי	גוף שני	גוף ראשון	4. הַיֶּלֶד זוֹכֵר.	גוף שלישי	גוף שני	גוף ראשון	1. ער וועט שרייבן.
גוף שלישי	גוף שני	גוף ראשון	5. אֲנִי קָשַׁרְתִּי.	גוף שלישי	גוף שני	גוף ראשון	2. מֹשֶה שנײדט.
גוף שלישי	גוף שני	גוף ראשון	6. זְרֹק!	גוף שלישי	גוף שני	גוף ראשון	3. די דאקטער היט.

המשפט

פועל	שם עצם/שם גוף
מסר מסר מסר מסר מסר מסר מסר מסר מסר	(גוף ראשון) (גוף שני) (גוף שלישי)
מסר מסר מסר מסר מסר מסר מסר מסר מסר	(גוף ראשון) (גוף שני) (גוף שלישי)
מסר מסר מסר מסר מסר מסר מסר מסר מסר	(גוף ראשון) (גוף שני) (גוף שלישי)

ענינהבנין

1. צבעי בטבלה את האפשרויות בכל זמן 2. כתבי את הפעלים	
שם עצם/שם גוף	פועל
1. פִּנְחָס	מסר מסר מסר מסר מסר מסר מסר מסר מסר
2. הוּא	שקל שקל שקל שקל שקל שקל שקל שקל שקל
3. אַתָּה	סתר סתר סתר סתר סתר סתר סתר סתר סתר
4. אֲנִי	שלט שלט שלט שלט שלט שלט שלט שלט שלט
5. הַפָּר	פשט פשט פשט פשט פשט פשט פשט פשט פשט

כתבי את הפועל והמובן

1. הַתַּפּוּחַ	
שם עצם	פועל (מ.כ.ר., עבר)

המובן:

2. אֲנִי	
שם עצם	פועל (שׁ.ל.ט., עבר)

המובן:

3. שִׁמְעוֹן	
שם עצם	פועל (פ.ג.שׁ., עתיד)

המובן:

4. אַתָּה	
שם עצם	פועל (ס.ג.ר., הוה)

המובן:

5. הָאוֹצָר	
שם עצם	פועל (ז.כ.ר., עבר)

המובן:

כתבי את השמות תואר בנטיה הנכונה, וכתבי את המובן

1.
- הַגַּג
- גָּבוֹהַ
- ג.ד.ר.
- עתיד

שם עצם	שם תואר	פועל

המובן:

2.
- כֵּלִי
- חָדָשׁ
- ט.ב.ל.
- הוה

שם עצם	שם תואר	פועל

המובן:

3.
- פֶּרַח
- יָרֹק
- ל.ק.ט.
- עבר

שם עצם	שם תואר	פועל

המובן:

4.
- הַמְּעִיל
- יָפֶה
- פ.שׁ.ט.
- הוה

שם עצם	שם תואר	פועל

המובן:

5.
- יוֹסֵף
- קָטָן
- שׂ.ח.ר.
- עתיד

שם עצם	שם תואר	פועל

המובן:

6. כתבי משפט שלך!

שם עצם	שם תואר	פועל

המובן:

ענין הבנין | 60

בנין קל

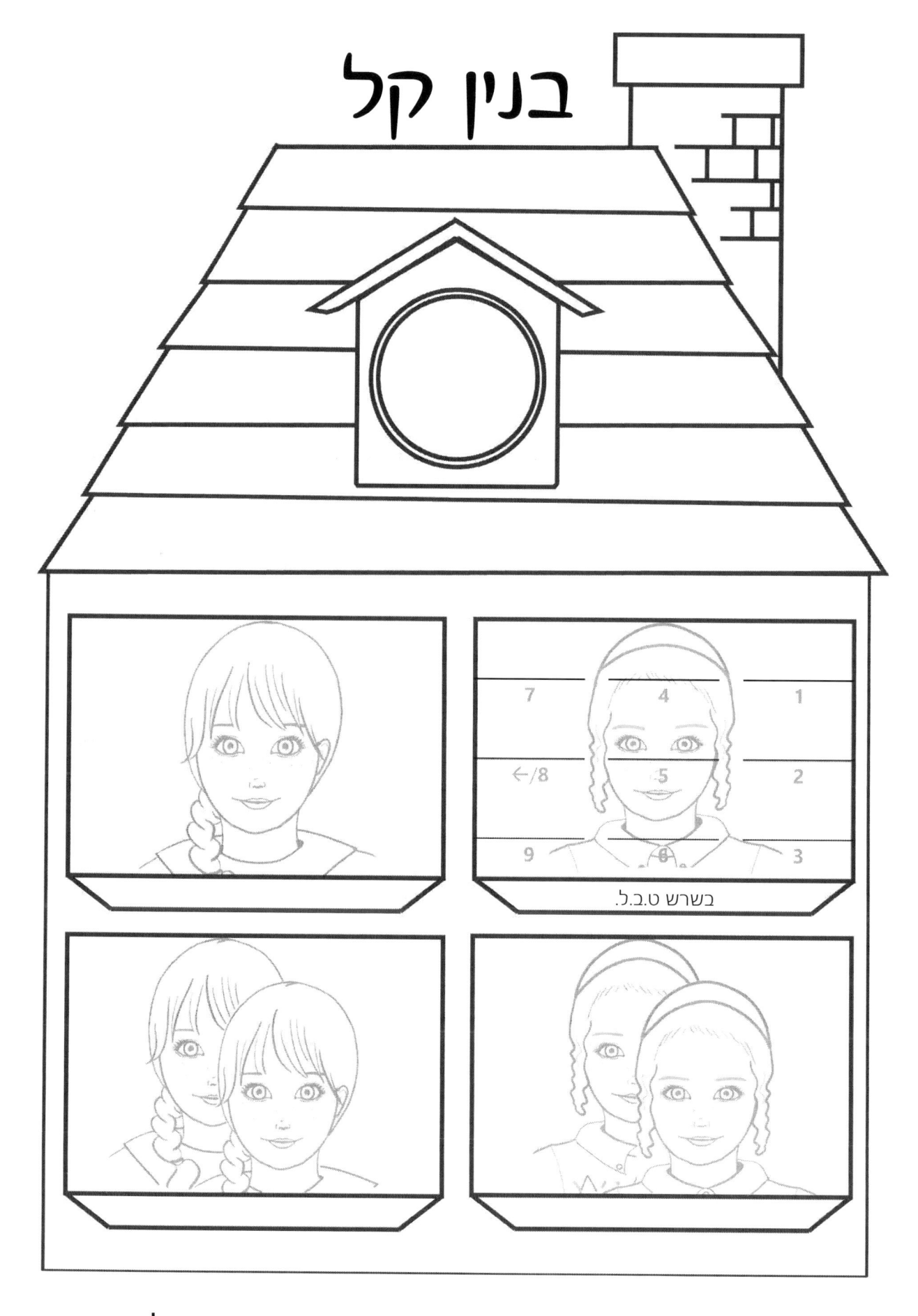

בשרש ט.ב.ל.
1
2
3
4
5
7
8/←
9

בנין נפעל
1
4
7
2
5
8/←
3
6
9
בשרש ט.ב.ל.

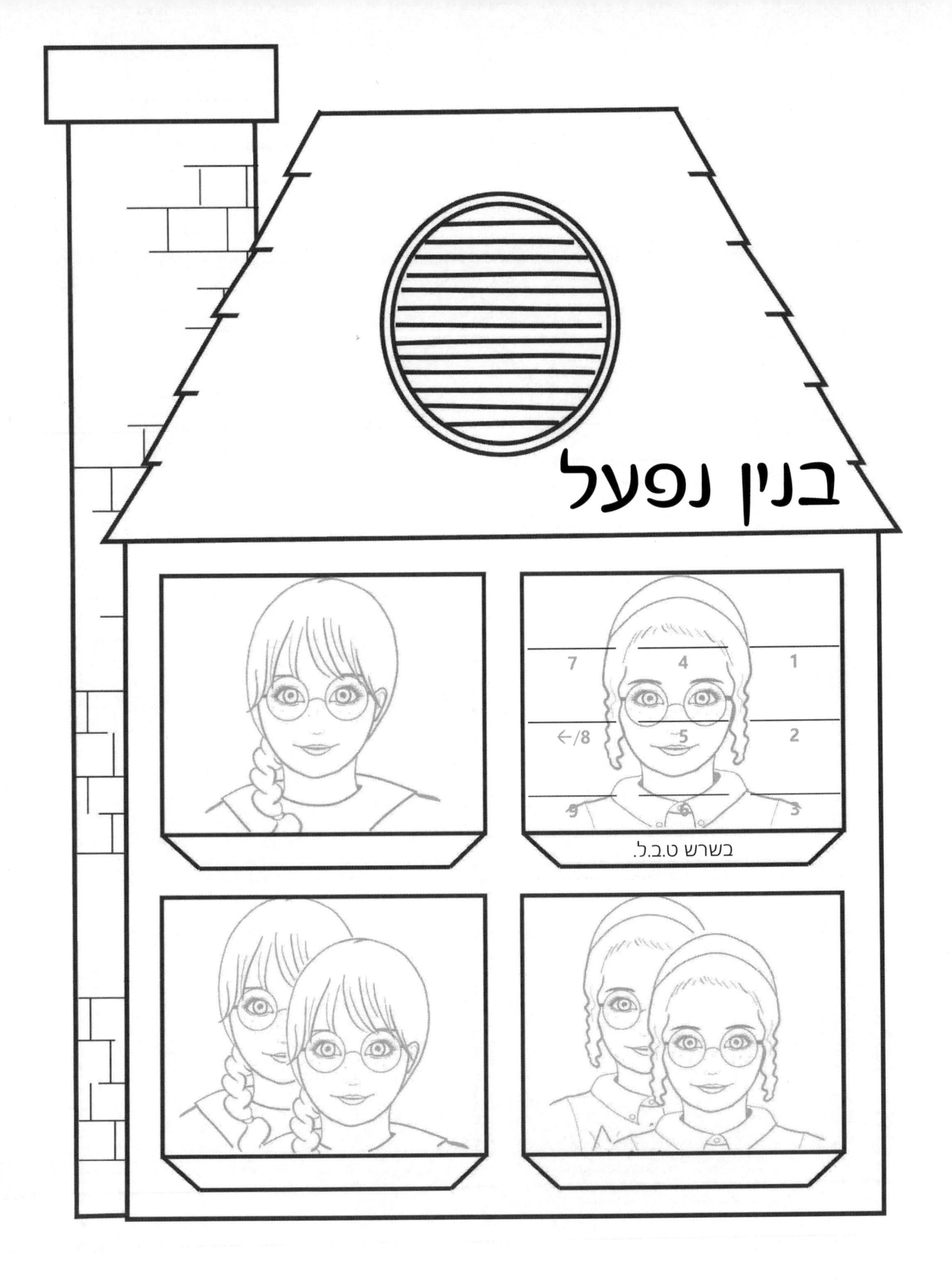

בחרי בקל או נפעל, וכתבי את הגוף

1. תִּשְׁבֹּר	
קל	נפעל

2. טָבַל	
קל	נפעל

3. תִּסָּתֵר	
קל	נפעל

4. נִפְרַצְתִּי	
קל	נפעל

5. רָדַפְתִּי	
קל	נפעל

6. יִגָּמֵר	
קל	נפעל

7. שׁוֹלֵט	
קל	נפעל

8. לְקֹט	
קל	נפעל

בחרי בקל או נפעל, וכתבי את המובן

פועל	קל	נפעל	מובן
9. נִסְמַכְתִּי	קל	נפעל	
10. הִזָּרֵק	קל	נפעל	
11. תִּדָּרֵשׁ	קל	נפעל	
12. נִסְפַּר	קל	נפעל	
13. פָּגַשְׁתָּ	קל	נפעל	
14. אֶפָּשֵׁט	קל	נפעל	
15. שְׁלֹט	קל	נפעל	
16. מָרַדְתִּי	קל	נפעל	

כתבי כל משפט עם פועל בקל ובנפעל

שם עצם	פועל	מקבל הפעולה
1. הַמּוֹכֵר	שׁוֹקֵל	כֶּסֶף.
2. הַתַּלְמִיד	מוֹסֵר	אֶת הַסֵּפֶר.
3. הַקָּטָן	סוֹפֵר	רַעַם.
4. הָאוֹפֶה	שׁוֹפֵךְ	קֶמַח.
5.		
6.		
7.		
8.		

→

שם עצם (מקבל הפעולה)	פועל	על ידי
1.		
2.		
3.		
4.		
5. הַחוֹשֶׁךְ	נִזְכָּר	עַל יְדֵי הַמִּצְרִי.
6. הַחֶבֶל	נִקְשַׁר	עַל יְדֵי הַמַּלָּח.
7. הַבֶּגֶד	נִתְפַּר	עַל יְדֵי הַתּוֹפֵר.
8. הַסַּכִּין	נִטְבַּל	עַל יְדֵי הַסַּדְרָן.

תחברי משפט שלם מכל חלקי המשפט, וכתבי את מובן המשפט

9.
- מַשְׁגִּיחַ
- ב.ד.ק.
- עבר, קל
- יְרָקוֹת

שם עצם	פועל	מקבל הפעולה

המובן:

10.
- אֲנִי
- מ.ש.כ.
- הוה, קל
- מַשָּׂא

שם עצם	פועל	מקבל הפעולה

המובן:

תחברי משפט שלם מכל חלקי המשפט, וכתבי את מובן המשפט

1.
- הַבִּנְיָן
- ס.ת.ר.
- עתיד, נפעל
- עַל יְדֵי הָרוּחַ

שם עצם	פועל	מקבל הפעולה

המובן:

2.
- הַפָּר
- פ.ש.ט.
- עבר, נפעל
- עַל יְדֵי הַשּׁוֹחֵט

שם עצם	פועל	מקבל הפעולה

המובן:

3. דו וועסט דרש'נען א דרשה.

שם עצם	פועל	מקבל הפעולה

4. די וואלד וועט פארקויפט ווערן דורך די פָּרִיץ.

שם עצם	פועל	מקבל הפעולה

5. אן ארבעטער וועט ענדיגן די בנין.

שם עצם	פועל	מקבל הפעולה

משפטים

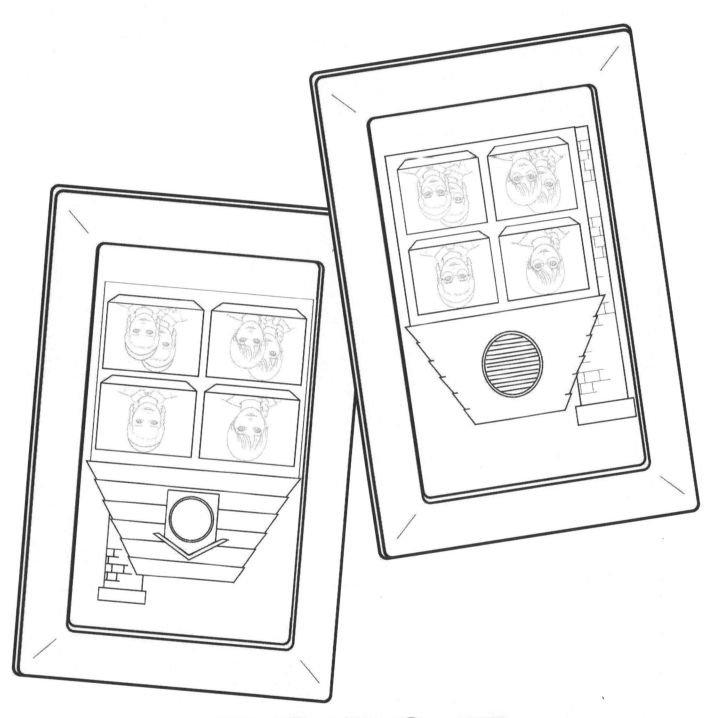

מקבל הפעולה וגוף

את + שם עצם	את + שם גוף	
אֶת דָּוִד	אֶת + אֲנִי = אוֹתִי	אוֹתָנוּ
אֶת הַשֻּׁלְחָן	אֶת + אַתָּה = אוֹתְךָ	אֶתְכֶם
אֶת הַמָּלוֹן	אֶת + אַתְּ = אוֹתָךְ	אוֹתְךָ
אֶת הַדָּג	אֶת + הוּא = אוֹתוֹ	אֶתְכֶן
אֶת הַדֶּלֶת	אֶת + הִיא = אוֹתָהּ	אוֹתָהּ
אֶת הַתַּפּוּחַ	אֶת + אֲנַחְנוּ = אוֹתָנוּ	אוֹתָם
אֶת הַמֶּלֶךְ	אֶת + אַתֶּם = אֶתְכֶם	אוֹתָךְ
אֶת בִּנְיָמִין	אֶת + אַתֶּן = אֶתְכֶן	אוֹתָן
אֶת הַסּוֹף	אֶת + הֵם = אוֹתָם	אוֹתוֹ
אֶת בָּבֶל	אֶת + הֵן = אוֹתָן	אוֹתִי

כתבי את מקבל הפועלה והמובן

משפט	מקבל הפעולה	מובן
1. הַיְּלָדִים פּוֹגְשִׁים אוֹתָנוּ.	אֶת אֲנַחְנוּ	די קינדער באגעגענען אונז.
2. תַּלְמִיד סָתַר אוֹתָךְ.		
3. הַנָּשִׁים סוֹפְרוֹת אֶתְכֶם.		
4. שְׁמוּאֵל זוֹרֵק אוֹתוֹ.		
5. הָעוֹזֶרֶת פָּגְשָׁה אוֹתָהּ.		
6. הָאָב יִפְקֹד אוֹתָן.		
7. מִשְׁפָּחוֹת תִּשְׁמֹרְנָה אוֹתוֹ.		
8. אֲנִי אֶזְכֹּר אוֹתְךָ.		

מלאי את המשפטים

	שם עצם	פועל	מקבל הפעולה
1.	הַמֶּלֶךְ	זָכַר	אוֹתוֹ.
2.	הָאֵם	פָּגְשָׁה	אוֹתִי.
3.	הָרוֹפֵא	בּוֹדֵק	אוֹתְךָ.
4.	יוֹסֵף	יִשְׁמֹר	אֶתְכֶם.
5.			
6.			
7.			
8.			

שם עצם (מקבל הפעולה)	פועל	על ידי
הוּא	נִכְבָּשׁ	עַל יְדֵי הַחַיָּלִים.
אַתָּה	תִּשָּׁלֵט	עַל יְדֵי הַמּוֹשֵׁל.
הַחוֹטֵא	נִפְקָד	עַל יְדֵי הַמְּנַהֵל.
אֲנִי	נִסְפָּר	עַל יְדֵי לֵוִי.

כתבי משפט בקל ובנפעל

	שם עצם	פועל	מקבל הפעולה
1.		ב ד ק	
2.		שׁ ב ר	
3.		ז כ ר	
4.		ס פ ר	
5.		ט ב ל	
6.		שׁ מ ר	

שם עצם (מקבל הפעולה)	פועל	על ידי (שם עצם)

תחברי משפט שלם מכל חלקי המשפט, וכתבי את מובן המשפט

1.
- אֲנִי
- ס.ג.ר.
- עבר, קל
- אֶת הַדֶּלֶת

שם עצם	פועל	מקבל הפעולה

המובן:

2.
- הָרוֹעֶה
- ס.פ.ר.
- הוה, קל
- אֶת הַצֹּאן

שם עצם	פועל	מקבל הפעולה

המובן:

3.
- דֶּשֶׁא
- ק.צ.ר.
- עתיד, נפעל
- אִכָּר

מקבל הפעולה	פועל	שם עצם

המובן:

4. א קעניג האט מיר באגעגנט.

שם עצם	פועל	מקבל הפעולה

5. איך וועל איינגענומען ווערן דורך די פיינט.

שם עצם	פועל	מקבל הפעולה

6. דו (זכר) ווארפסט בלעטלעך.

מקבל הפעולה	פועל	שם עצם

בחרי בקל או נפעל, וכתבי את שם העצם, וכתבי את מובן המשפט

	קל	נפעל	שמות העצם
1. הַשֵּׂעָר הַמְּלוּכְלָךְ נִמְשַׁךְ עַל יְדֵי הָעוֹזֵר.			
מובן:			
2. חֶסֶד גָּדוֹל נִגְמַל עַל יְדֵי מֹשֶׁה.			
מובן:			
3. אֲנַחְנוּ מוֹסְרוֹת שִׁיר חָדָשׁ.			
מובן:			
4. הַדָּג הַגָּדוֹל יִשָּׁקֵל עַל יְדֵי הַמּוֹכֵר.			
מובן:			
5. אַתֶּן פּוֹגְשׁוֹת אוֹתָנוּ.			
מובן:			
6. מִרְיָם פָּקְדָה אוֹתָךְ.			
מובן:			

ענין הבנין | 70

כתבי משפטים שלך

שם עצם (יחיד)	פועל (נפעל, עבר)	על ידי מי?

שם עצם (יחיד)	פועל (נפעל, עתיד)	על ידי מי?

שם עצם (יחיד)	שם תואר	פועל (קל, עבר)	מקבל הפעולה

שם עצם (יחיד)	פועל (קל, הוה)	מקבל הפעולה	שם תואר

שם עצם (יחיד)	פועל (קל, עתיד)	מקבל הפעולה	שם תואר

יחידה
בניין נפעל

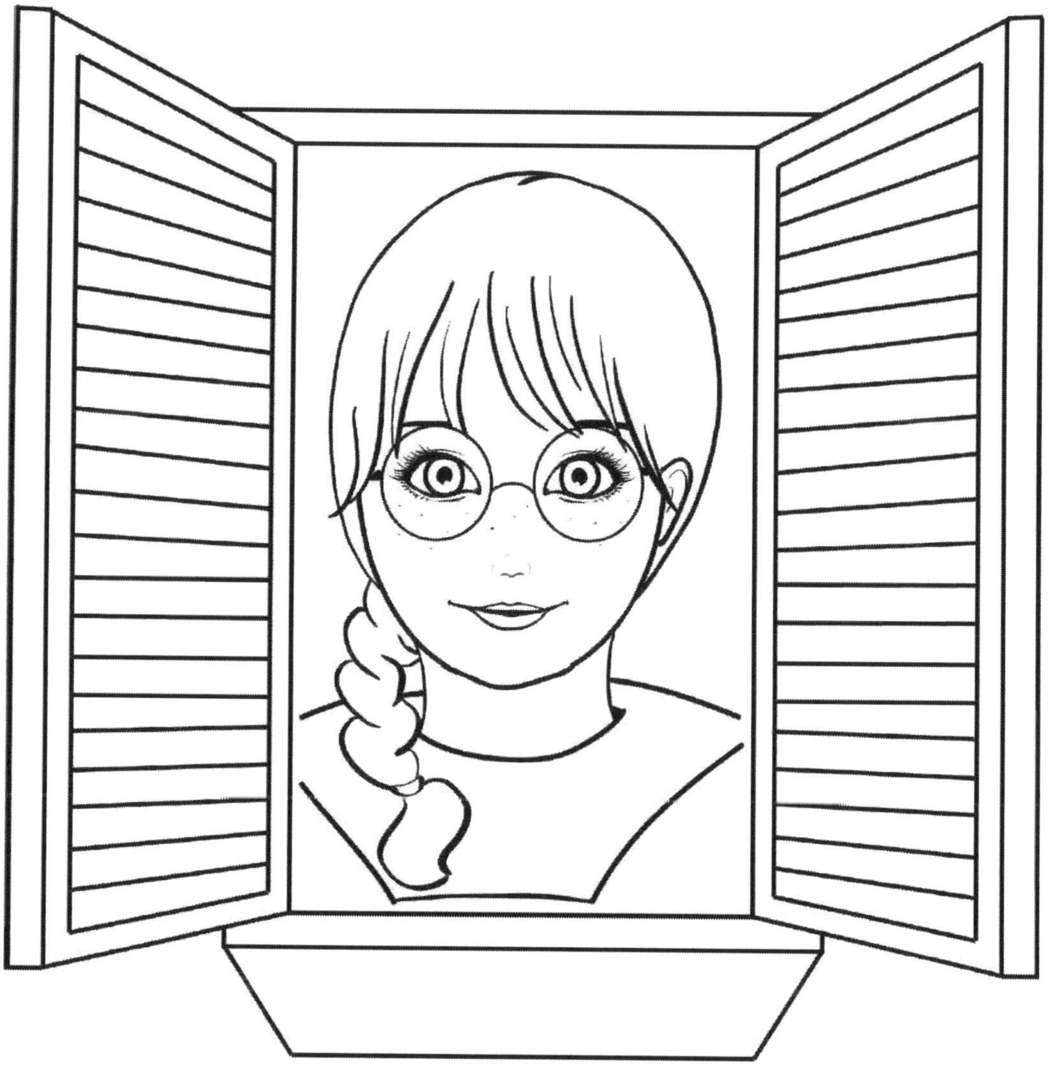

יחידה

שרשים חדשים				
ס.ת.ם.	לִסְתֹּם		לְהִסָּתֵם	
ב.ד.ק.	לִבְדֹּק		לְהִבָּדֵק	
ת.פ.ס.	לִתְפֹּס		לְהִתָּפֵס	
מ.ד.ד.	לִמְדֹּד		לְהִמָּדֵד	

צבעי את המספר הנכון

1. איך בין געווארן

7	4	1
8	5	2
9	6	3

2. דו ווערסט

7	4	1
8	5	2
9	6	3

3. איך וועל ווערן

7	4	1
8	5	2
9	6	3

4. זי איז געווארן

7	4	1
8	5	2
9	6	3

5. זי וועט ווערן

7	4	1
8	5	2
9	6	3

6. דו וועסט ווערן

7	4	1
8	5	2
9	6	3

7. איך ווער

7	4	1
8	5	2
9	6	3

8. דו ביסט געווארן

7	4	1
8	5	2
9	6	3

9. זי ווערט

7	4	1
8	5	2
9	6	3

10. איך וועל ווערן

7	4	1
8	5	2
9	6	3

11. דו ביסט געווארן

7	4	1
8	5	2
9	6	3

12. ווער!

7	4	1
8	5	2
9	6	3

כתבי את הגוף והזמן באידיש

.13

.14

.15

.16

.17

.18

.19

.20

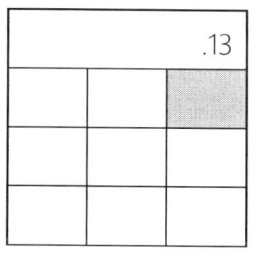

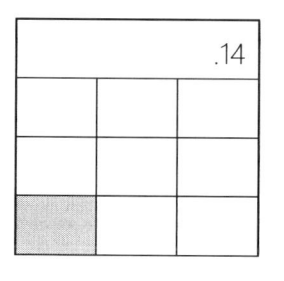

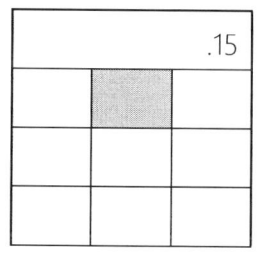

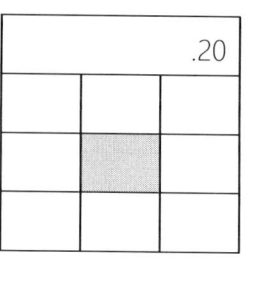

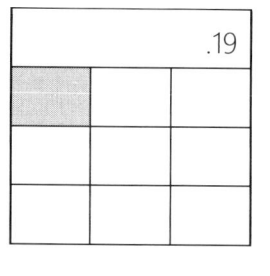

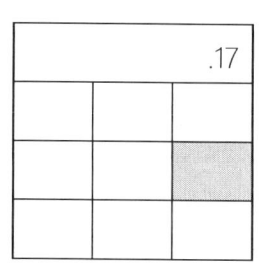

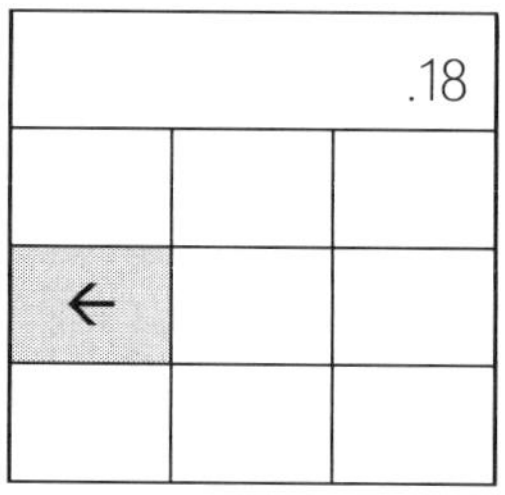

הצורה של בנין נפעל

פעלים ביחידה

	עבר	הוה	עתיד
אני	נִבְדַּקְתִּי	נִבְדֶּקֶת	אֶבָּדֵק
את	נִבְדַּקְתְּ	נִבְדֶּקֶת	תִּבָּדְקִי ← הִבָּדְקִי
היא	נִבְדְּקָה	נִבְדֶּקֶת	תִּבָּדֵק

כתבי את הפעלים בשרש ת.פ.ס.

	עבר	הוה	עתיד
אני			
את			←
היא			

עניןהבנין | 76

צבעי במקום הנכון

1. נִמְדְּדָה

7	4	1
8	5	2
9	6	3

2. נִמְדַּדְתִּי

7	4	1
8	5	2
9	6	3

3. נִמְדֶּדֶת (את)

7	4	1
8	5	2
9	6	3

4. תִּמָּדְדִי

7	4	1
8	5	2
9	6	3

5. הִמָּדְדִי

7	4	1
8	5	2
9	6	3

6. תִּמָּדֵד

7	4	1
8	5	2
9	6	3

7. אֶמָּדֵד

7	4	1
8	5	2
9	6	3

8. נִמְדַּדְתְּ

7	4	1
8	5	2
9	6	3

9. נִמְדֶּדֶת (אני)

7	4	1
8	5	2
9	6	3

כתבי את המובן במקום הנכון

1. נִסְתֶּרֶת (היא)

7	4	1
8	5	2
9	6	3

2. אֶסָּתֵר

7	4	1
8	5	2
9	6	3

3. נִסְתַּרְתְּ

7	4	1
8	5	2
9	6	3

4. תִּסָּתְרִי

7	4	1
8	5	2
9	6	3

5. נִסְתְּרָה

7	4	1
8	5	2
9	6	3

6. הִסָּתְרִי

7	4	1
8	5	2
9	6	3

7. נִסְתַּרְתִּי

7	4	1
8	5	2
9	6	3

8. נִסְתֶּרֶת (את)

7	4	1
8	5	2
9	6	3

9. תִּסָּתֵר

7	4	1
8	5	2
9	6	3

ענין הבנין | 78

צבעי במקום הנכון

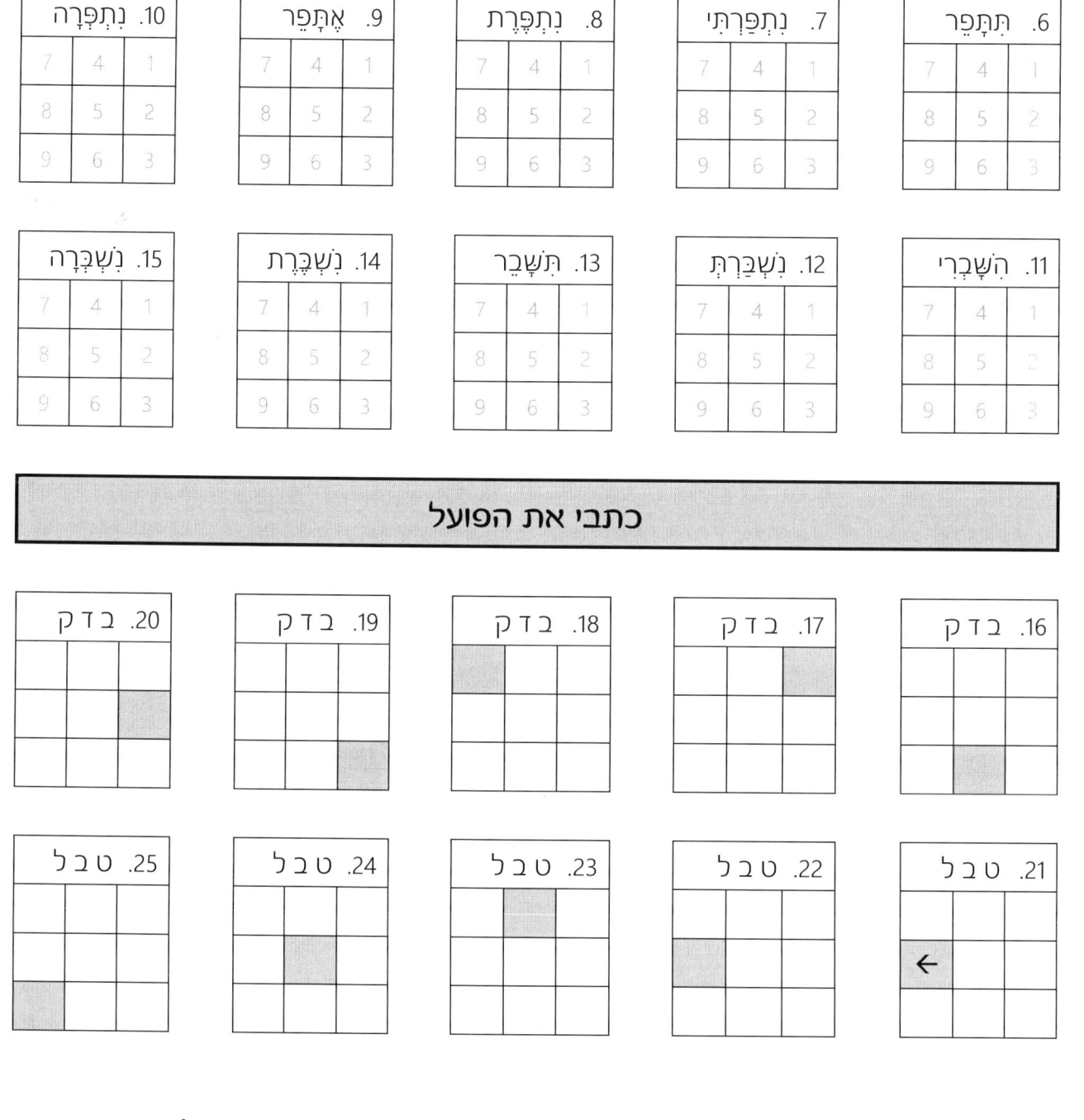

1. נִסְתַּמְּתְּ

7	4	1
8	5	2
9	6	3

2. תִּסָּתְמִי

7	4	1
8	5	2
9	6	3

3. נִסְתֶּמֶת

7	4	1
8	5	2
9	6	3

4. אֶסָּתֵם

7	4	1
8	5	2
9	6	3

5. הִסָּתְמִי

7	4	1
8	5	2
9	6	3

6. תִּתָּפֵר

7	4	1
8	5	2
9	6	3

7. נִתְפַּרְתִּי

7	4	1
8	5	2
9	6	3

8. נִתְפֶּרֶת

7	4	1
8	5	2
9	6	3

9. אֶתָּפֵר

7	4	1
8	5	2
9	6	3

10. נִתְפְּרָה

7	4	1
8	5	2
9	6	3

11. הִשָּׁבְרִי

7	4	1
8	5	2
9	6	3

12. נִשְׁבַּרְתְּ

7	4	1
8	5	2
9	6	3

13. תִּשָּׁבֵר

7	4	1
8	5	2
9	6	3

14. נִשְׁבֶּרֶת

7	4	1
8	5	2
9	6	3

15. נִשְׁבְּרָה

7	4	1
8	5	2
9	6	3

כתבי את הפועל

16. ב ד ק

17. ב ד ק

18. ב ד ק

19. ב ד ק

20. ב ד ק

21. ט ב ל

←

22. ט ב ל

23. ט ב ל

24. ט ב ל

25. ט ב ל

כתבי את הגוף

אני	את	היא
1. נִטְבֶּלֶת		
2. נִטְבַּלְתְּ		
3. אֶטָּבֵל		
4. נִטְבְּלָה		
5. הִטָּבְלִי		
6. נִמְדְּדָה		
7. נִמְדַּדְתִּי		
8. תִּמָּדְדִי		
9. נִמְדֶּדֶת		
10. תִּמָּדֵד		

כתבי את הזמן

עבר	הוה	עתיד	צווי
11. תִּבָּדְקִי			
12. נִבְדַּקְתְּ			
13. הִבָּדְקִי			
14. נִבְדֶּקֶת			
15. נִבְדְּקָה			
16. תִּפָּשֵׁט			
17. נִפְשַׁטְתִּי			
18. הִפָּשְׁטִי			
19. נִפְשֶׁטֶת			
20. אֶפָּשֵׁט			

כתבי את המובן

21. נִשְׁבְּרָה	
22. אֶטָּבֵל	
23. נִשְׁמַרְתְּ	
24. הִשָּׁמְרִי	
25. תִּבָּדְקִי	
26. נִסְפַּרְתִּי	

כתבי את הפועל

27. דו וועסט איפגעבראכן ווערן.	
28. דו ביסט געדענקט געווארן.	
29. זי ווערט באגעגענט.	
30. איך וועל געצויגן ווערן.	
31. דו ווערסט איינגענומען.	
32. איך בין באקוקט געווארן.	

כתבי את הפעלים בזמן הנכון

הַיּוֹם אֲנִי _____	מָחָר אֲנִי _____	1. אֶתְמֹל אֲנִי נִרְדַּפְתִּי
הַיּוֹם אַתְּ _____	אֶתְמֹל אַתְּ _____	2. מָחָר אַתְּ תִּדְרְשִׁי
מָחָר אֲנִי _____	אֶתְמֹל אֲנִי _____	3. הַיּוֹם אֲנִי נִכְתֶּבֶת
אֶתְמֹל הִיא _____	הַיּוֹם הִיא _____	4. מָחָר הִיא תִּגָּמֵר
הַיּוֹם אַתְּ _____	אֶתְמֹל אַתְּ _____	5. מָחָר אַתְּ תִּבָּדְקִי
מָחָר הִיא _____	אֶתְמֹל הִיא _____	6. הַיּוֹם הִיא נִלְקֶטֶת

זווגי את הפעלים לגוף + זמן הנכונים, ולמובן הנכון

א. װער געבינדעט.	1. אני עתיד	7. תִּקָּשְׁרִי
ב. זי איז געבינדן געװאָרן.	2. אני עבר	8. הִקָּשְׁרִי
ג. איך װעל געבינדן װערן.	3. את עתיד	9. נִקְשַׁרְתִּי
ד. זי װעט געבינדן װערן.	4. היא עבר	10. נִקְשֶׁרֶת
ה. דו װעסט געבינדן װערן.	5. את הוה	11. נִקְשְׁרָה
ו. איך בין געבינדן געװאָרן.	6. את צווי	12. אֶקָּשֵׁר
ז. דו װערסט געבינדן.	7. היא עתיד	13. תִּקָּשֵׁר

כתבי את הפועל והמובן

מובן	פועל			
		עתיד	ב.ד.ק.	14. אני
		הוה	מ.ד.ד.	15. היא
		עבר	ת.פ.ס.	16. את

בחרי בגוף ראשון, גוף שני, או גוף שלישי

1. שרה איז געמאסטן געווארן.	גוף ראשון	גוף שני	גוף שלישי	6. אֲנִי נִפְקַדְתִּי.	גוף ראשון	גוף שני	גוף שלישי
2. איך וועל נאכגעיאגט ווערן.	גוף ראשון	גוף שני	גוף שלישי	7. יוֹכֶבֶד נִתְפְּסָה.	גוף ראשון	גוף שני	גוף שלישי
3. זי ווערט אנגעכאפט.	גוף ראשון	גוף שני	גוף שלישי	8. אַתְּ נִפְשַׁטְתְּ.	גוף ראשון	גוף שני	גוף שלישי
4. דו ביסט געדענקט געווארן.	גוף ראשון	גוף שני	גוף שלישי	9. הַמּוֹרָה נִגְדֶּרֶת.	גוף ראשון	גוף שני	גוף שלישי
5. איך וועל געוועלטיגט ווערן.	גוף ראשון	גוף שני	גוף שלישי	10. הַצִּפּוֹר תִּזָּכֵר.	גוף ראשון	גוף שני	גוף שלישי

המשפט

שם עצם/שם גוף	פועל
1) קוק וועלכע גוף די גוף/שם עצם איז (*געדענק אז א שם עצם איז גוף שלישי) 2) וועהל אויס די דריי פעלים וואס האבן די זעלבע גוף	
(גוף ראשון) / (גוף שני) / (גוף שלישי)	בדק בדק בדק / בדק בדק בדק / בדק בדק בדק
(גוף ראשון) / (גוף שני) / (גוף שלישי)	בדק בדק בדק / בדק בדק בדק / בדק בדק בדק
(גוף ראשון) / (גוף שני) / (גוף שלישי)	בדק בדק בדק / בדק בדק בדק / בדק בדק בדק

1. צבעי בטבלה את האפשרויות בכל זמן 2. כתבי את הפעלים

שם עצם/שם גוף	פועל		
1. הַחִטָּה	בדק	בדק	בדק
	בדק	בדק	בדק
	בדק	בדק	בדק
2. אֲנִי	טבל	טבל	טבל
	טבל	טבל	טבל
	טבל	טבל	טבל
3. מִרְיָם	תפס	תפס	תפס
	תפס	תפס	תפס
	תפס	תפס	תפס
4. אַתְּ	מדד	מדד	מדד
	מדד	מדד	מדד
	מדד	מדד	מדד
5. הִיא	שׁלט	שׁלט	שׁלט
	שׁלט	שׁלט	שׁלט
	שׁלט	שׁלט	שׁלט

כתבי את הפועל והמובן

1. הַשִּׁפְחָה	
שם עצם	פועל (שׂ.כ.ר., עבר)

המובן:

2. דִּינָה	
שם עצם	פועל (ס.ג.ר., הוה)

המובן:

3. אֲנִי	
שם עצם	פועל (פ.ג.שׁ., עתיד)

המובן:

4. יְרוּשָׁלַיִם	
שם עצם	פועל (ל.כ.ד., עבר)

המובן:

5. אַתְּ	
שם עצם	פועל (מ.ס.ר., עבר)

המובן:

כתבי את המשפט והמובן

1.
- אֶבֶן
- כָּבֵד
- ט.ב.ל.
- הוה

שם עצם	שם תואר	פועל

המובן:

2.
- הַמַּלְכָּה
- חָשׁוּב
- ת.פ.ס.
- עבר

שם עצם	שם תואר	פועל

המובן:

3.
- טַבַּעַת
- יָקָר
- מ.כ.ר.
- עבר

שם עצם	שם תואר	פועל

המובן:

4. א פרייליכע מאמע וועט געדענקט ווערן.

שם עצם	שם תואר	פועל

5. א גרויסע מתנה וועט געמאסטן ווערן.

שם עצם	שם תואר	פועל

6. כתבי משפט שלך!

שם עצם	שם תואר	פועל

המובן:

בנין נפעל

בשרש ת.פ.ס.

בשרש ב.ד.ק.

בחרי ביחיד או יחידה וכתבי את הגוף בהחלון הנכון

כדי צו וויסן די טייטש פון א ווארט:

1. קוק אויב אס איז זכר אדער נקבה, 2. קוק וועלכע גוף עס איז

1. נִקְצַרְתְּ

2. תִּפָּרְצִי

3. נִמְסַרְתִּי

4. יִמָּכֵר

5. נִשְׁלְטָה

6. נִקְצַר

בחרי ביחיד או יחידה וכתבי את הגוף

7. יִלָּכֵד	יחיד	יחידה		13. נִסְפָּר	יחיד	יחידה	
8. נִטְבֶּלֶת	יחיד	יחידה		14. נִשְׁבַּר	יחיד	יחידה	
9. וּנִשָׁנְוּ י	יחיד	יחידה		15. תִּסָּגְרִי	יחיד	יחידה	
10. נִסְגְּרָה	יחיד	יחידה		16. יִפָּקֵד	יחיד	יחידה	
11. נִכְתַּבְתְּ	יחיד	יחידה		17. תִּכָּבֵשׁ	יחיד	יחידה	
12. תִּדָּרֵשׁ	יחיד	יחידה		18. נִגְמָל	יחיד	יחידה	

בנין קל

בשרש ת.פ.ס.

בשרש ב.ד.ק.

עניןהבנין 88

בחרי בקל או נפעל, וכתבי את הגוף

1. שָׂרַפְתְּ	
קל	נפעל

2. סוֹמֵךְ	
קל	נפעל

3. נִשְׁבַּרְתָּ	
קל	נפעל

4. אֶתְפֹּר	
קל	נפעל

5. תִּסָּגְרִי	
קל	נפעל

6. גְּמֹר	
קל	נפעל

7. נִכְתֶּבֶת	
קל	נפעל

8. גְּזָרָה	
קל	נפעל

בחרי בקל או נפעל, וכתבי את המובן

פועל	קל	נפעל	מובן
9. אֶסְתֹּם	קל	נפעל	
10. נִפְגַּשׁ	קל	נפעל	
11. הִיא תִּטָּבֵל	קל	נפעל	
12. סִגְרִי	קל	נפעל	
13. לָקַטְתְּ	קל	נפעל	
14. מוֹשֶׁכֶת	קל	נפעל	
15. אַתָּה תִּפָּגֵשׁ	קל	נפעל	
16. נִסְפְּרָה	קל	נפעל	
17. יִדְרֹשׁ	קל	נפעל	
18. נִשְׁקַלְתִּי	קל	נפעל	
19. תִּזְרֹק	קל	נפעל	

משפטים

אותיות השימוש: בְּ

שם עצם	פועל	בְּ	שם עצם
הַשֶּׂה	נִסְגַּר	בְּ	שָׂדֶה

נקודות של ב

ווען מען לייגט א בּ' פאר א ווארט, באקומט עס א שוא.	בְּעִיר
ווען די בּ' קומט פאר א שוא, איז די נקודה אינטער די בּ' א חיריק.	בִּדְמָעוֹת
ווען די בּ' איז פאר א ה' הידיעה, באקומט די בּ' די נקודה וואס איז אינטער די ה' און מען לאזט אויס די ה'.	בְּ + הַ + שָּׂדֶה = בַּשָּׂדֶה
	בְּ + הָ + עִיר = בָּעִיר
	בְּ + הֶ + הָרִים = בֶּהָרִים

בְּ - אין

בְּ + שם עצם	בְּ + שם גוף	
בְּ + עִיר = בְּעִיר	בְּ + אֲנִי =	בְּךָ
בְּ + הַבַּיִת = בַּבַּיִת	בְּ + אַתָּה =	בִּי
בְּ + הָרִאשׁוֹן = בָּרִאשׁוֹן	בְּ + אַתְּ =	בָּנוּ
בְּ + הָרְחוֹב = בָּרְחוֹב	בְּ + הוּא =	בָּכֶן
בְּ + חֶדֶר =	בְּ + הִיא =	בָּךְ
בְּ + מְעִיל =	בְּ + אֲנַחְנוּ =	בָּהֶן
בְּ + הָעֶבֶד =	בְּ + אַתֶּם =	בּוֹ
בְּ + הַסֵּפֶר =	בְּ + אַתֶּן =	בָּהֶם
בְּ + הַכִּיס =	בְּ + הֵם =	בָּכֶם
בְּ + דֶּרֶךְ =	בְּ + הֵן =	בָּהּ

הוסיפי ב' וגמרי את המשפט במלה מהטבלה למטה

1.	הַתַּכְשִׁיט	נִבְדַּק	
	שם עצם	פועל	אות שימוש/שם עצם

2.	הַשִּׂמְלָה	תִּמָּדֵד	
	שם עצם	פועל	אות שימוש/שם עצם

3.	הָעוּגָה	נִטְבְּלָה	
	שם עצם	פועל	אות שימוש/שם עצם

4	יוֹסֵף	פָּגַשׁ	אֶת בִּנְיָמִין
	שם עצם	פועל	מקבל הפעולה/אות שימוש/שם עצם

5.	הַפְּסוֹלֶת	נִזְרְקָה	
	שם עצם	פועל	אות שימוש/שם עצם

6	קוֹל	נִמְשַׁךְ	
	שם עצם	פועל	אות שימוש/שם עצם

יַעַר	חָלָב	אוֹר	הַשָּׂדֶה	הַבַּיִת	פַּח

בְּ - מיט	
בְּ + עֵט =	בְּ + שִׂמְחָה =
אני כּוֹתֵב בְּעֵט.	הוּא רָקַד בִּכְבֵדוּת.
הַתְּבוּאָה נִקְצַר בְּמַגָּל	הַמְּלָאכָה תִּגָּמֵר בִּזְרִיזוּת.

הוסיפי ב׳ וגמרי את המשפט במלה מהטבלה למטה וכתבי את המובן

1. הַתִּינוֹק	תָּפַס	אֶת הַכִּסֵּא
שם עצם	פועל	מקבל הפעולה/אות שימוש/שם עצם

מובן:

2. הַכַּלָּה	רוֹקֶדֶת	
שם עצם	פועל	אות שימוש/שם עצם

מובן:

3. הֶחָתָן	נִשְׁמַר	
שם עצם	פועל	אות שימוש/שם עצם

מובן:

4. הַחֲתוּנָּה	תִּגָּמֵר	
שם עצם	פועל	אות שימוש/שם עצם

מובן:

5. הַשִּׁעוּר	נִכְתַּב	
שם עצם	פועל	אות שימוש/שם עצם

מובן:

הַבֹּקֶר	שִׂמְחָה	מַחֲשָׁבָה	זְהִירוּת	יָד

תחברי משפט שלם מכל חלקי המשפט, וכתבי את מובן המשפט

1.
- יַעֲקֹב
- ז.כ.ר.
- עתיד, קל
- הַמַּעֲשֶׂה
- דְּמָעוֹת

שם עצם	פועל	מקבל הפעולה	אות שימוש/שם עצם

המובן:

2.
- הָאוֹצָר
- ס.ג.ר.
- עתיד, נפעל
- הָאָרוֹן

שם עצם	פועל	אות שימוש/שם עצם

המובן:

3.
- הַגְּבִינָה
- שׁ.ק.ל.
- הוה, נפעל
- מֹאזְנַיִם

שם עצם	פועל	אות שימוש/שם עצם

המובן:

כתבי את המובן של המלים המוסמנות

4. אֲנִי קוֹצֵר שׁוֹשַׁנִּים [בְּגַן].		
5. אֲנִי לוֹקֵט פְּרָחִים [בַּגַּן].		
6. הַתְּשׁוּבָה נִכְתָּב [בְּסֵפֶר].		
7. הַתְּשׁוּבָה נִכְתָּב [בַּסֵּפֶר].		
8. הַבְּאֵר [נִסְתְּמָה בְּחוֹל.]		
9. הַבְּאֵר [נִסְתְּמָה בַּחוֹל].		
10. [הַבֶּגֶד יִתָּפֵר בְּמַחַט].		
11. [הַבֶּגֶד יִתָּפֵר בַּמַּחַט].		

כתבי משפטים שלך

		בְּ
שם עצם (יחיד)	פועל (נפעל, הוה)	

שם עצם (יחידה)	פועל (קל, עבר)	מקבל הפעולה

		בְּ	
שם עצם (יחיד)	פועל (קל, הוה)		שם תואר

		בְּ	
שם עצם (יחיד)	פועל (נפעל, עבר)		שם תואר

שם עצם (יחידה)	פועל (קל, עתיד)	מקבל הפעולה	שם תואר

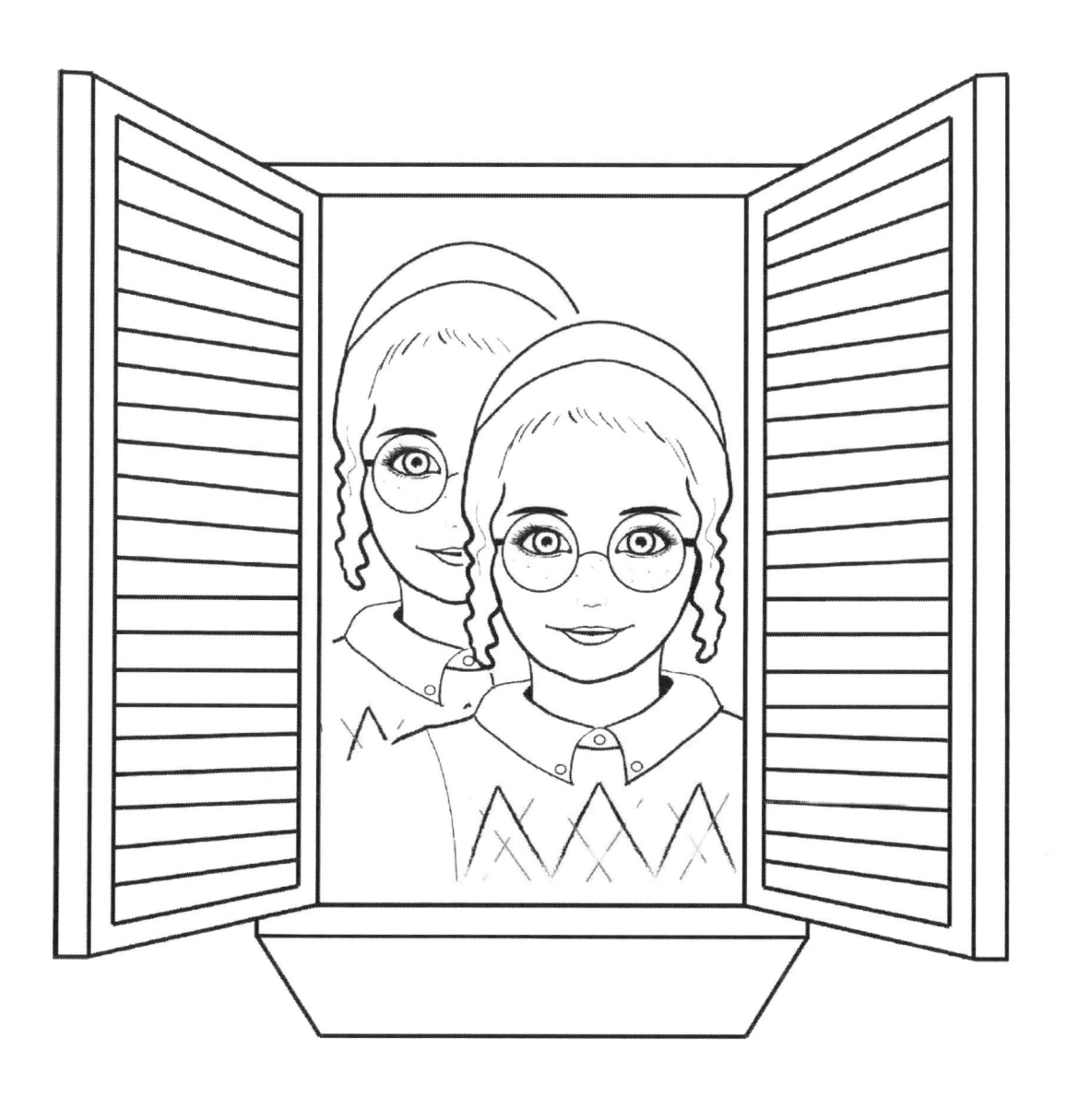

רבים

רגיו נפעל

רבים

שרשים חדשים				
ג.ז.ל.	לִגְזֹל		לְהִגָּזֵל	
ג.נ.ז.	לִגְנֹז		לְהִגָּנֵז	
ל.כ.ד.	לִלְכֹּד		לְהִלָּכֵד	
פ.ס.ל.	לִפְסֹל		לְהִפָּסֵל	

צבעי את המספר הנכון

4. זיי זענען געווארן			3. מיר וועלן ווערן			2. איר ווערט			1. מיר זענען געווארן		
7	4	1	7	4	1	7	4	1	7	4	1
8	5	2	8	5	2	8	5	2	8	5	2
9	6	3	9	6	3	9	6	3	9	6	3

8. איר זענט געווארן			7. מיר ווערן			6. איר וועט ווערן			5. זיי וועלן ווערן		
7	4	1	7	4	1	7	4	1	7	4	1
8	5	2	8	5	2	8	5	2	8	5	2
9	6	3	9	6	3	9	6	3	9	6	3

12. ווערטס!			11. איר זענט געווארן			10. מיר וועלן ווערן			9. זיי ווערן		
7	4	1	7	4	1	7	4	1	7	4	1
8	5	2	8	5	2	8	5	2	8	5	2
9	6	3	9	6	3	9	6	3	9	6	3

כתבי את הגוף והזמן באידיש

.16 .15 .14 .13

.20 .19 .18 .17

הצורה של בנין נפעל

פעלים ברבים

	עבר	הוה	עתיד
אנחנו	נִפְסַלְנוּ	נִפְסָלִים	נִפָּסֵל
אתם	נִפְסַלְתֶּם	נִפְסָלִים	תִּפָּסְלוּ הִפָּסְלוּ←
הם	נִפְסְלוּ	נִפְסָלִים	יִפָּסְלוּ

כתבי את הפעלים בשרש ג.ז.ל.

	עבר	הוה	עתיד
אנחנו			
אתם			←
הם			

עניןהבנין | 100

צבעי את המקום הנכון

1. נִלְכְּדוּ

7	4	1
8	5	2
9	6	3

2. נִלְכַּדְנוּ

7	4	1
8	5	2
9	6	3

3. נִלְכָּדִים (אתם)

7	4	1
8	5	2
9	6	3

4. תִּלָּכְדוּ

7	4	1
8	5	2
9	6	3

5. נִלְכַּדְתֶּם

7	4	1
8	5	2
9	6	3

6. יִלָּכְדוּ

7	4	1
8	5	2
9	6	3

7. נִלְכַּד

7	4	1
8	5	2
9	6	3

8. הִלָּכְדוּ

7	4	1
8	5	2
9	6	3

9. נִלְכָּדִים (אנחנו)

7	4	1
8	5	2
9	6	3

כתבי את המובן במקום הנכון

1. נִגְנָזִים (הם)

7	4	1
8	5	2
9	6	3

2. נִגָּז

7	4	1
8	5	2
9	6	3

3. נִגְנַזְתֶּם

7	4	1
8	5	2
9	6	3

4. תִּגָּנְזוּ

7	4	1
8	5	2
9	6	3

5. נִגְנְזוּ

7	4	1
8	5	2
9	6	3

6. הִגָּנְזוּ

7	4	1
8	5	2
9	6	3

7. נִגְנַזְנוּ

7	4	1
8	5	2
9	6	3

8. נִגְנָזִים (אתם)

7	4	1
8	5	2
9	6	3

9. יִגָּנְזוּ

7	4	1
8	5	2
9	6	3

צבעי את המספר הנכון

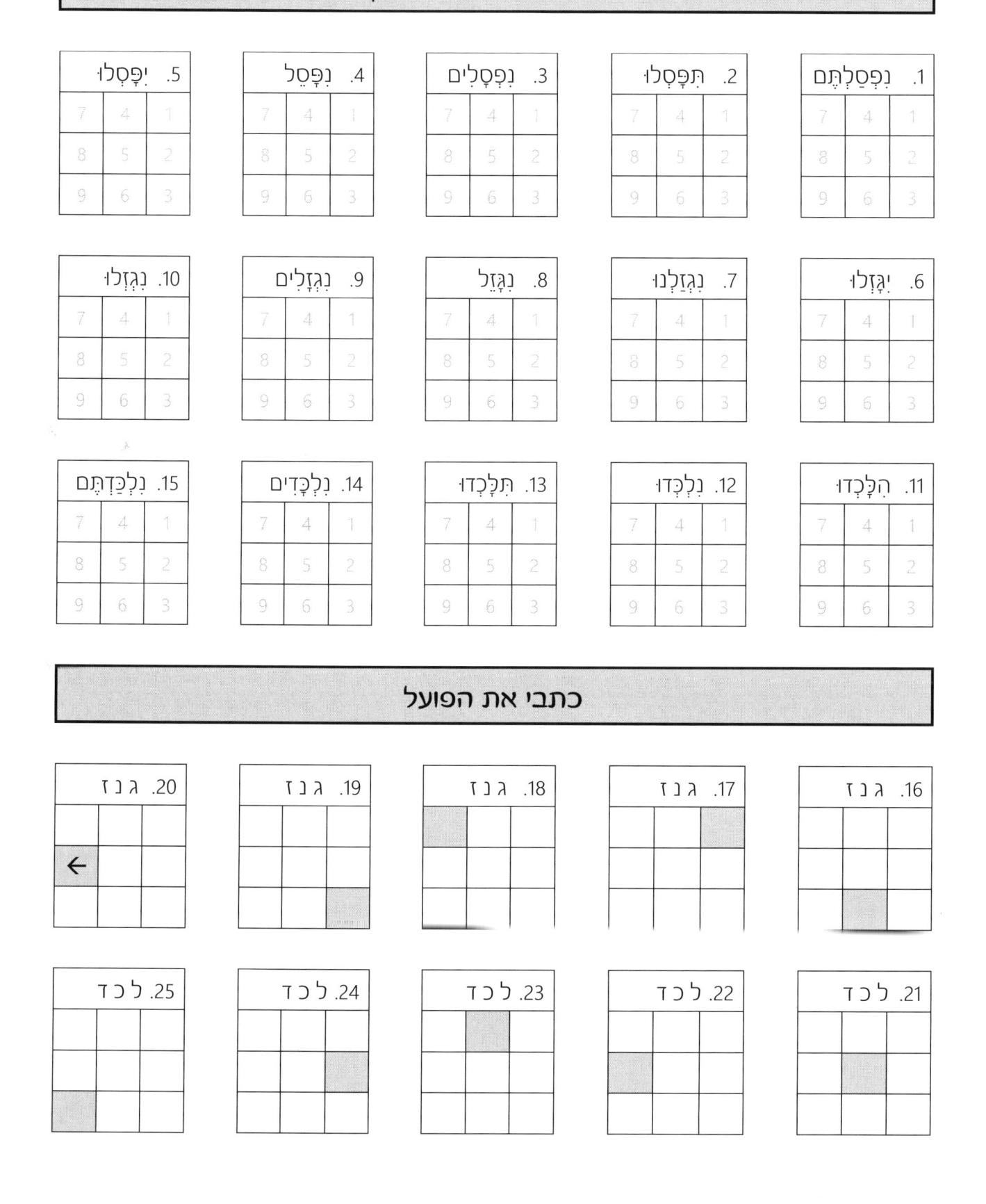

1. נִפְסַלְתֶּם

7	4	1
8	5	2
9	6	3

2. תִּפָּסְלוּ

7	4	1
8	5	2
9	6	3

3. נִפְסָלִים

7	4	1
8	5	2
9	6	3

4. נִפָּסֵל

7	4	1
8	5	2
9	6	3

5. יִפָּסְלוּ

7	4	1
8	5	2
9	6	3

6. יִגָּזְלוּ

7	4	1
8	5	2
9	6	3

7. נִגְזַלְנוּ

7	4	1
8	5	2
9	6	3

8. נִגָּזֵל

7	4	1
8	5	2
9	6	3

9. נִגְזָלִים

7	4	1
8	5	2
9	6	3

10. נִגְזְלוּ

7	4	1
8	5	2
9	6	3

11. הִלָּכְדוּ

7	4	1
8	5	2
9	6	3

12. נִלְכְּדוּ

7	4	1
8	5	2
9	6	3

13. תִּלָּכְדוּ

7	4	1
8	5	2
9	6	3

14. נִלְכָּדִים

7	4	1
8	5	2
9	6	3

15. נִלְכַּדְתֶּם

7	4	1
8	5	2
9	6	3

כתבי את הפועל

16. ג נ ז

17. ג נ ז

18. ג נ ז

19. ג נ ז

20. ג נ ז

21. ל כ ד

22. ל כ ד

23. ל כ ד

24. ל כ ד

25. ל כ ד

103 | עניןהבנין

כתבי את הגוף

אנחנו	אתם	הם
1. נִלְכַּדְנוּ		
2. נִלְכָּדִים		
3. יִלָּכְדוּ		
4. נִלְכְּדוּ		
5. הִלָּכְדוּ		
6. נִגְנַז		
7. נִגְנַזְתֶּם		
8. נִגְנְזוּ		
9. נִגְנָזִים		
10. תִּגָּנְזוּ		

כתבי את הזמן

עבר	הוה	עתיד	צווי
11. נִפְסְלוּ			
12. תִּפָּסְלוּ			
13. נִפְסָלִים			
14. נִפָּסֵל			
15. יִפָּסְלוּ			
16. הִגָּזְלוּ			
17. נִגְזַלְתֶּם			
18. נִגְזַלְנוּ			
19. נִגְזָלִים			
20. יִגָּזְלוּ			

כתבי את המובן

21. נִמְדְּדוּ
22. הֵם נִבְדָּקִים
23. נִפָּשֵׁט
24. נִשְׁלְטוּ
25. יִסָּתְרוּ
26. הִסָּתְמוּ

כתבי את הפועל

27. מיר וועלן געבינדן ווערן.
28. זיי ווערן בארויבט.
29. ווערטס פארענדיגט.
30. איר ווערט געוואויגן.
31. זיי זענען צובראכן געווארן.
32. מיר ווערן איינגענומען.

כתבי את הפעלים בזמן הנכון

1. הַיּוֹם אֲנַחְנוּ נִשְׁבָּרִים	אֶתְמוֹל אֲנַחְנוּ ________	מָחָר אֲנַחְנוּ ________
2. אֶתְמוֹל הֵם נִגְנְזוּ	מָחָר הֵם ________	הַיּוֹם הֵם ________
3. הַיּוֹם אַתֶּם נִמְדָּדִים	אֶתְמוֹל אַתֶּם ________	מָחָר אַתֶּם ________
4. מָחָר הֵם יִפָּשְׁטוּ	הַיּוֹם הֵם ________	אֶתְמוֹל הֵם ________
5. מָחָר אֲנַחְנוּ נִגָּדֵר	אֶתְמוֹל אֲנַחְנוּ ________	הַיּוֹם אֲנַחְנוּ ________
6. מָחָר אַתֶּם תִּבָּדְקוּ	אֶתְמוֹל אַתֶּם ________	הַיּוֹם אַתֶּם ________

זווגי את הפעלים לגוף + זמן הנכונים, ולמובן הנכון

7. נִסְפָּרִים __ __	1. הם + עבר	א. איר זענט איינגענומען געווארן.
8. יִקָּשְׁרוּ __ __	2. אתם + עבר	ב. זיי זענען פארמאכט געווארן.
9. נִסְתַּמְנוּ __ __	3. אנחנו + הוה	ג. ווערטס געצויגן.
10. תִּבָּדְקוּ __ __	4. אתם + עתיד	ד. איר וועט באקוקט ווערן.
11. נִסְגְּרוּ __ __	5. אתם + צווי	ה. מיר זענען פארשטאפט געווארן.
12. נִלְכַּדְתֶּם __ __	6. אנחנו + עבר	ו. מיר ווערן געציילט.
13. הִמָּשְׁכוּ __ __	7. הם + עתיד	ז. זיי וועלן געבינדן ווערן.

כתבי את הפועל והמובן

			פועל	מובן
14. אנחנו	סגר	עבר		
15. הם	פשט	עתיד		
16. אתם	מדד	הוה		

בחרי בגוף ראשון, גוף שני, או גוף שלישי

1. מיר זענען צובראכן געווארן.	גוף ראשון	גוף שני	גוף שלישי	6. נִלְכַּדְנוּ	גוף ראשון	גוף שני	גוף שלישי
2. איר ווערט איינגענומען.	גוף ראשון	גוף שני	גוף שלישי	7. נִפְסְלוּ	גוף ראשון	גוף שני	גוף שלישי
3. זיי וועלן פארקויפט ווערן.	גוף ראשון	גוף שני	גוף שלישי	8. נִגְנַזְתֶּם	גוף ראשון	גוף שני	גוף שלישי
4. איר וועט געוועלטיגט ווערן.	גוף ראשון	גוף שני	גוף שלישי	9. נִשְׁבָּרִים	גוף ראשון	גוף שני	גוף שלישי
5. מיר זענען איינגעטונקן געווארן.	גוף ראשון	גוף שני	גוף שלישי	10. נִגָּדֵר	גוף ראשון	גוף שני	גוף שלישי

המשפט

1) קוק וועלכע גוף די גוף/שם עצם איז (*געדענק אז א שם עצם איז גוף שלישי)
2) וועהל אויס די דריי פעלים וואס האבן די זעלבע גוף

שם עצם/שם גוף		פועל		
	(גוף ראשון)	פסל	פסל	פסל
	(גוף שני)	פסל	פסל	פסל
	(גוף שלישי)	פסל	פסל	פסל
	(גוף ראשון)	פסל	פסל	פסל
	(גוף שני)	פסל	פסל	פסל
	(גוף שלישי)	פסל	פסל	פסל
	(גוף ראשון)	פסל	פסל	פסל
	(גוף שני)	פסל	פסל	פסל
	(גוף שלישי)	פסל	פסל	פסל

1. צבעי בטבלה את האפשרויות בכל זמן 2. כתבי את הפעלים

שם עצם/שם גוף	פועל
1. עָלִים	לקט | לקט | לקט לקט | לקט | לקט לקט | לקט | לקט
2. אֲנַחְנוּ	לכד | לכד | לכד לכד | לכד | לכד לכד | לכד | לכד
3. הַתִּינוֹקִים	גנז | גנז | גנז גנז | גנז | גנז גנז | גנז | גנז
4. אַתֶּם	גזל | גזל | גזל גזל | גזל | גזל גזל | גזל | גזל
5. הֵם	תפס | תפס | תפס תפס | תפס | תפס תפס | תפס | תפס

כתבי את הפועל והמובן

1. הַטִּפֵּשׁ וְהַגּוֹלֶם

שם עצם	פועל (ג.ז.ל., עבר)

המובן:

2. אֲנַחְנוּ

שם עצם	פועל (מ.שׁ.כ., עתיד)

המובן:

3. הַכּוֹכָבִים

שם עצם	פועל (ס.פ.ר., עבר)

המובן:

4. הַפְּרָקִים

שם עצם	פועל (ז.כ.ר., עתיד)

המובן:

5. דוֹב וְחַיִּים

שם עצם	פועל (מ.ס.ר., הוה)

המובן:

כתבי את המשפט והמובן

1.
- הַפְּרָטִים
- קָטָן
- ר.שׁ.מ.
- הוה

שם עצם	שם תואר	פועל

המובן:

2.
- פְּנִינִים
- יָקָר
- מ.כ.ר.
- עבר

שם עצם	שם תואר	פועל

המובן:

3.
- מַיִם
- קַר
- שׁ.פ.כ.
- עתיד

שם עצם	שם תואר	פועל

המובן:

4. ריכטיגע טענות זענען געדענקט געווארן.

שם עצם	שם תואר	פועל

המובן:

5. די לאנגע טעג וועלן געענדיגט ווערן.

שם עצם	שם תואר	פועל

המובן:

6. כתבי משפט שלך!

שם עצם	שם תואר	פועל

המובן:

בנין נפעל
1
4
7
2
5
8/←
3
6
9
בשרש ג.ז.ל.
1
4
7
2
5
8/←
3
6
9
בשרש ל.כ.ד.
1
4
7
2
5
8/←
3
6
9
בשרש פ.ס.ל.

בחרי ביחיד יחידה או רבים וכתבי את הגוף בהחלון הנכון

כדי צו וויסן די טייטש פון א ווארט:
1. קוק אויב אס איז זכר אדער נקבה, 2. קוק וועלכע גוף עס איז

1. נִסְמָכִים

2. נִמְסַרְתֶּם

3. סָגַרְתְּ

4. נִמְדְּדָה

5. תִּפָּשְׁטוּ

6. יִפָּסֵל

בחרי ביחיד יחידה או רבים וכתבי את הגוף

7. נִשְׁלְטוּ	יחיד	יחידה	רבים		13. נִסְתְּמָה	יחיד	יחידה	רבים	
8. נִטְבֶּלֶת	יחיד	יחידה	רבים		14. נִדְרָשׁ	יחיד	יחידה	רבים	
9. תִּסָּתְרוּ	יחיד	יחידה	רבים		15. יִפָּסְלוּ	יחיד	יחידה	רבים	
10. נִגְנַז	יחיד	יחידה	רבים		16. נִמְסָרִים	יחיד	יחידה	רבים	
11. תִּפָּשֵׁט	יחיד	יחידה	רבים		17. תִּלָּכְדִי	יחיד	יחידה	רבים	
12. נִרְדְּפָה	יחיד	יחידה	רבים		18. נִגְמַר	יחיד	יחידה	רבים	

בנין קל

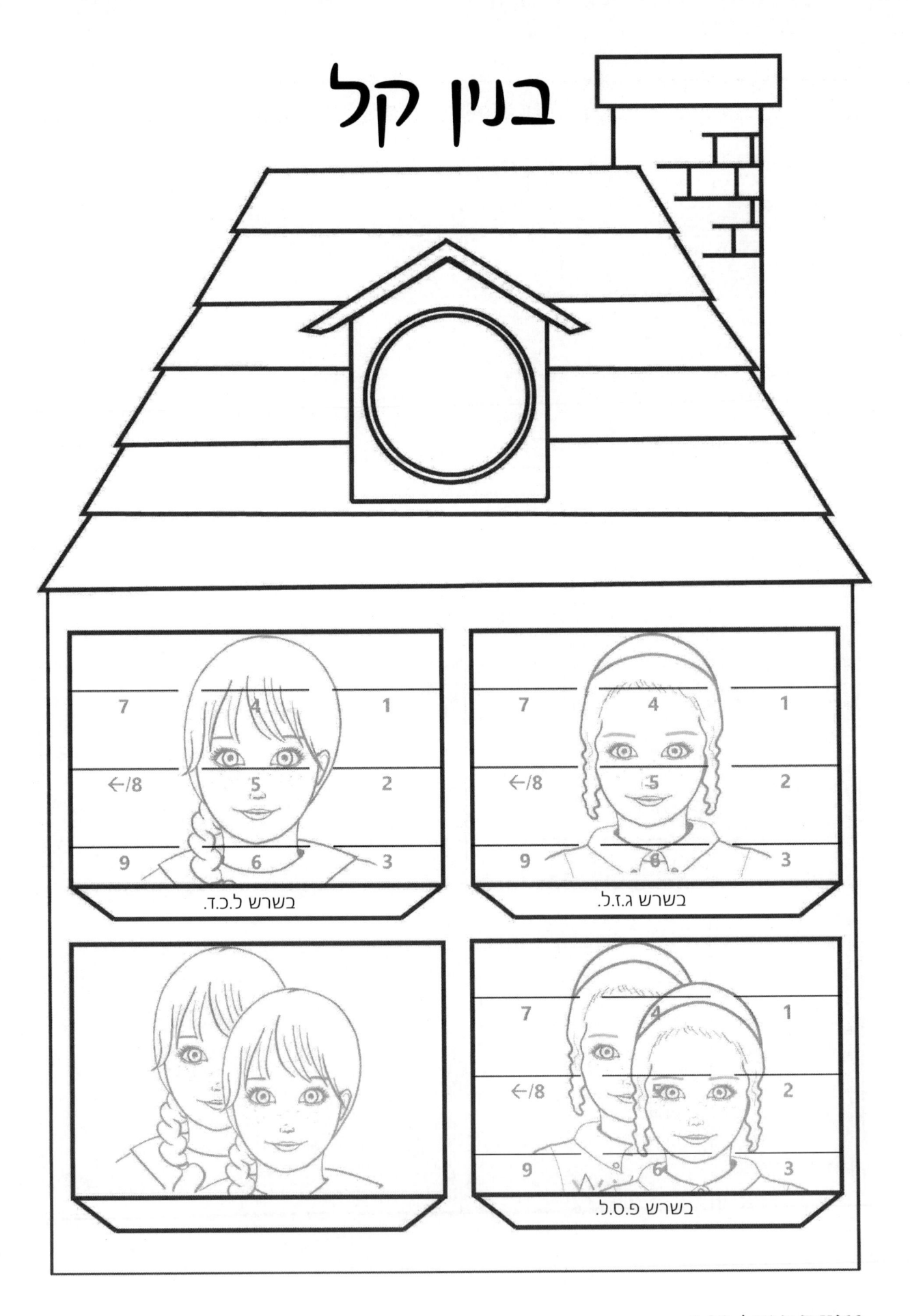

בשרש ג.ז.ל.
בשרש ל.כ.ד.
בשרש פ.ס.ל.

בחרי בקל או נפעל, וכתבי את הגוף

1. יִגְמְרוּ	2. רוֹקְדִים	3. נִבְדַּק	4. נִשְׁמְרוּ
קל / נפעל	קל / נפעל	קל / נפעל	קל / נפעל
5. אֶפָּסֵל	6. קָפַצְתִּי	7. מוֹכֵר	8. הִמָּסְרוּ
קל / נפעל	קל / נפעל	קל / נפעל	קל / נפעל

בחרי בקל או נפעל, וכתבי את המובן

פועל	קל	נפעל	מובן
9. תִּקְפְּצוּ	קל	נפעל	
10. נִזְרַקְנוּ	קל	נפעל	
11. נִכְבַּשׁ	קל	נפעל	
12. נִלְכָּד	קל	נפעל	
13. נִתְפַּר	קל	נפעל	
14. אֶשְׂרֹף	קל	נפעל	
15. יִגְדְּרוּ	קל	נפעל	
16. סִמְכוּ	קל	נפעל	
17. תִּכָּתְבוּ	קל	נפעל	
18. שְׁמַרְתֶּם	קל	נפעל	
19. שָׂרְפָה	קל	נפעל	

כתבי את הפועל בקל ובנפעל

1. הוא + עבר

קל	נפעל
ג ז ר	ג ז ר

2. את + עתיד

קל	נפעל
כ ת ב	כ ת ב

3. אנחנו + עבר

קל	נפעל
ג מ ר	ג מ ר

4. אני + עתיד

קל	נפעל
ס ג ר	ס ג ר

5. אתה + הוה

קל	נפעל
ג ד ר	ג ד ר

6. אתם + צווי

קל	נפעל
מ ס ר	מ ס ר

7. אני + עבר

קל	נפעל
ט ב ל	ט ב ל

8. הם + עבר

קל	נפעל
ס פ ר	ס פ ר

9. אתה + צווי

קל	נפעל
ב ד ק	ב ד ק

10. היא + הוה

קל	נפעל
פ שׁ ט	פ שׁ ט

11. הם + עתיד

קל	נפעל
מ ד ד	מ ד ד

12. הם + הוה

קל	נפעל
ז ר ק	ז ר ק

13. את + עבר

קל	נפעל
שׁ ק ל	שׁ ק ל

14. אתה + עתיד

קל	נפעל
ד ר שׁ	ד ר שׁ

15. אתם + הוה

קל	נפעל
ס פ ר	ס פ ר

16. הוא + עתיד

קל	נפעל
פ ג שׁ	פ ג שׁ

17. היא + עבר

קל	נפעל
ל ק ט	ל ק ט

18. אתם + עבר

קל	נפעל
ק שׁ ר	ק שׁ ר

19. את + הוה

קל	נפעל
ג ז ל	ג ז ל

20. אתם + עתיד

קל	נפעל
ל כ ד	ל כ ד

משפטים

אותיות השימוש: מְ

שם עצם	פועל	מ	שם עצם
הַמַּלְבּוּשִׁים	יִתָּפְרוּ	מִ	צֶמֶר מְיֻחָד.

נקודות של מ'

מִן קען ווערן פארקערצערט צו א מִ', עס מיינט די זעלבע זאך	מִן שָׁמַיִם/מִשָּׁמַיִם
ווען מען לייגט א מ' פאר א ווארט, באקומט עס א חיריק.	מִשָּׁמַיִם
ווען מען לייגט א מ' פאר אן אות גרונית (ע,ה,א,ח), באקומט די מ' א צירה	מֵאֲחוֹתָהּ
ווען מען לייגט א מ' צו א ווארט וואס האט א ה' הידיעה, בלייבט די ה' הידיעה.	מֵהַשָּׁמַיִם

מִן/מְ - פון

מִן/מִ + שם עצם	מִן/מִ + שם גוף	
מִן + בַּיִת = מִבַּיִת	מִן + אֲנִי =	מִמֵּךְ
מִן + הָאֲדָמָה = מֵהָאֲדָמָה	מִן + אַתָּה =	מִמֶּנָּה
מִן + שָׁמַיִם =	מִן + אַתְּ =	מִכֶּם
מִן + דָּג =	מִן + הוּא =	מִמֶּנִּי
מִן + הָאָרוֹן =	מִן + הִיא =	מִמֶּנּוֹ
מִן + צַדִּיקִים =	מִן + אֲנַחְנוּ =	מֵהֶם
מִן + הָאָדָם =	מִן + אַתֶּם =	מִכֶּן
מִן + דָּוִד =	מִן + אַתֶּן =	מִמְּךָ
מִן + הַסֵּפֶר =	מִן + הֵם =	מִמֶּנּוּ
מִן + פֶּה =	מִן + הֵן =	מֵהֶן

הוסיפי מ׳ וגמרי את המשפט במלה מהטבלה למטה

1.	הַחֲפָצִים	נִגְנָזִים	
	שם עצם	פועל	אות שימוש/שם עצם
2.	הָאוֹצָרוֹת	נִגְזְלוּ	
	שם עצם	פועל	אות שימוש/שם עצם
3.	הַיְּרָקוֹת	יִבָּדְקוּ	
	שם עצם	פועל	אות שימוש/שם עצם
4	הַחוֹלִים	נִפְסְלוּ	
	שם עצם	פועל	אות שימוש/שם עצם
5.	אֲנַחְנוּ	נִשְׁמַרְנוּ	
	שם עצם	פועל	אות שימוש/שם עצם
6.	הָעִיר	נִלְכְּדָה	
	שם עצם	פועל	אות שימוש/שם עצם
7.	הָעוֹר	נִפְשַׁט	
	שם עצם	פועל	אות שימוש/שם עצם
8.	הַמְּרַגֵּל	נִזְרַק	
	שם עצם	פועל	אות שימוש/שם עצם

חֲשָׁשׁ תּוֹלָעִים	הָעֲבוֹדָה	הַמְּדִינָה שֶׁלּוֹ	סַכָּנָה	אֲנִי	הַמְּדִינָה	פָּרָה	הַגַּנָּבִים

הוסיפי מ' ותחברי משפט שלם מכל חלקי המשפט, וכתבי את המובן

1.
- תַּלְמִידִים
- שׁ.מ.ר.
- עבר, נפעל
- __כָּל רָע

שם עצם	פועל	אות שימוש/שם עצם

המובן:

2.
- הַיַּלְדָּה
- ר.ד.פ.
- עבר, נפעל
- __הַיְלָדוֹת

שם עצם	פועל	אות שימוש/שם עצם

המובן:

3.
- הַתְּבוּאָה
- ל.ק.ט.
- הוה, נפעל
- __הַשָּׂדֶה

שם עצם	פועל	אות שימוש/שם עצם

המובן:

4.
- הַחֲבֵרִים
- ק.פ.צ.
- עבר, קל
- __שִׂמְחָה

שם עצם	פועל	אות שימוש/שם עצם

המובן:

5.
- מַיִם
- שׁ.פ.כ.
- הוה, נפעל
- __דְּלִי

שם עצם	פועל	אות שימוש/שם עצם

המובן:

6.
- הַבֵּיצָה
- מ.ס.ר.
- עתיד, נפעל
- __הַשְּׁכֵנָה

שם עצם	פועל	אות שימוש/שם עצם

המובן:

כתבי את המשפט בלשון הקודש

	שם עצם	פועל	מקבל הפעולה	אות שימוש/שם עצם
1. זיי האבן אויפגעבראכן די גדר מיט שטיינער.				

	שם עצם	פועל	אות שימוש/שם עצם
2. זאכן ווערן פארברענט פון די פייער!			

	שם עצם	פועל	אות שימוש/שם עצם
3. משה האט געצויגן מיט כֹּחַ.			

	שם עצם	פועל	מקבל הפעולה	אות שימוש/שם עצם
4. רות האט געקליבן ווייץ פון די פעלד.				

	שם עצם	פועל	אות שימוש/שם עצם
5. די געזעץ איז באשטימט געווארן אין די פארגאנגענהייט.			

שָׂדֶה	דִּין	חֲפָצִים	אֵשׁ	עָבַר	תְּבוּאָה	אֲבָנִים

בחרי במלה הנכונה וכתבי את המובן

.1	הַמֶּלֶךְ	שָׁלַט	(בְּאֵימָה/מֵאֵימָה).
	שם עצם	פועל	אותיות השימוש

המובן:

.2	הַיְּרָקוֹת	נִטְבָּלִים	(בְּמַיִם/מִמַּיִם).
	שם עצם	פועל	אותיות השימוש

המובן:

.3	הַפְּרָחִים	יִקָּצְרוּ	(בְּאֲדָמָה/מֵאֲדָמָה).
	שם עצם	פועל	אותיות השימוש

המובן:

.5	הַכּוֹכָבִים	נִסְפְּרוּ	(בְּחֹשֶׁךְ/מֵחֹשֶׁךְ).
	שם עצם	פועל	אותיות השימוש

המובן:

.6	הַתַּלְמִידִים	דּוֹרְשִׁים	(בְּקוֹל/מִקּוֹל).
	שם עצם	פועל	אותיות השימוש

המובן:

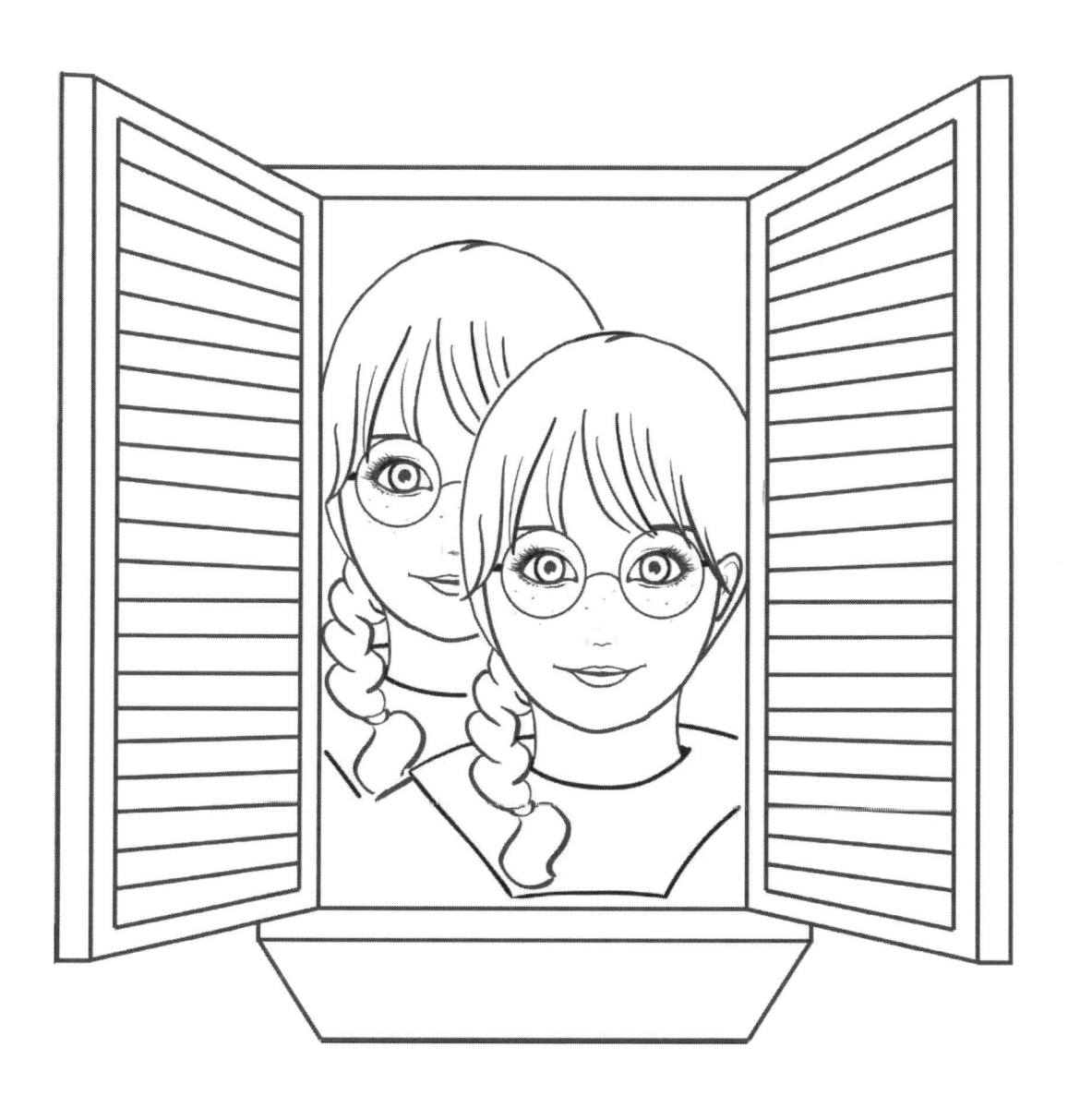

רבות

בניין נפעל

רבות

			שרשים חדשים
לְהִשָּׂכֵר		לִשְׂכֹּר	שׂ.כ.ר.
לְהִשָּׁפֵט		לִשְׁפֹּט	שׁ.פ.ט.
לְהִקָּטֵף		לִקְטֹף	ק.ט.פ.
לְהִפָּתֵר		לִפְתֹּר	פ.ת.ר.

עניןהבנין | **122**

צבעי את המספר הנכון

4. זיי זענען געווארן	3. מיר וועלן ווערן	2. איר ווערט	1. מיר זענען געווארן
1 4 7	1 4 7	1 4 7	1 4 7
2 5 8	2 5 8	2 5 8	2 5 8
3 6 9	3 6 9	3 6 9	3 6 9

8. איר זענט געווארן	7. זיי ווערן	6. איר וועט ווערן	5. זיי וועלן ווערן
1 4 7	1 4 7	1 4 7	1 4 7
2 5 8	2 5 8	2 5 8	2 5 8
3 6 9	3 6 9	3 6 9	3 6 9

12. ווערטס!	11. איר זענט געווארן	10. מיר ווערן	9. מיר וועלן ווערן
1 4 7	1 4 7	1 4 7	1 4 7
2 5 8	2 5 8	2 5 8	2 5 8
3 6 9	3 6 9	3 6 9	3 6 9

כתבי את הגוף והזמן באידיש

16.	15.	14.	13.

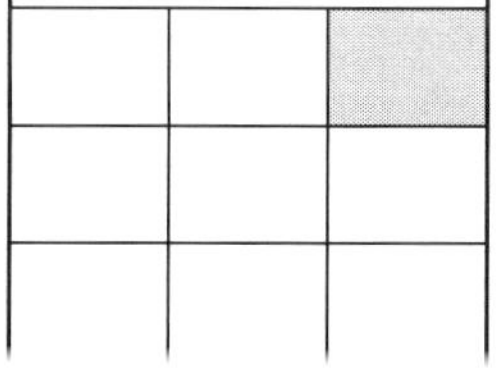

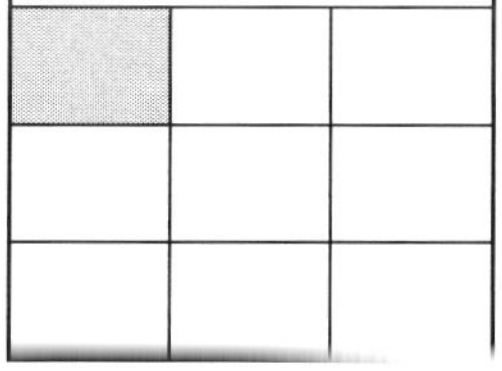

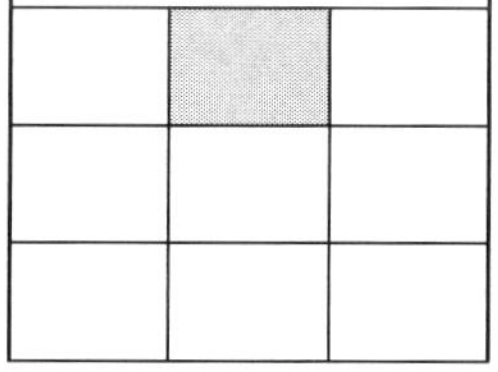

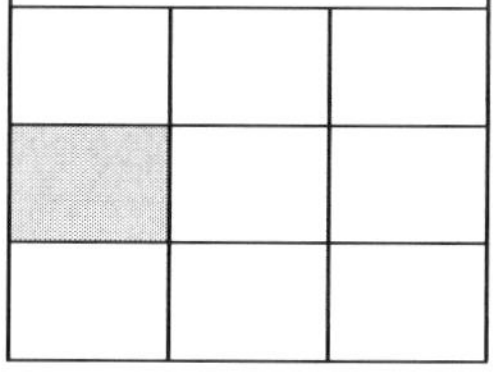

20.	19.	18.	17.

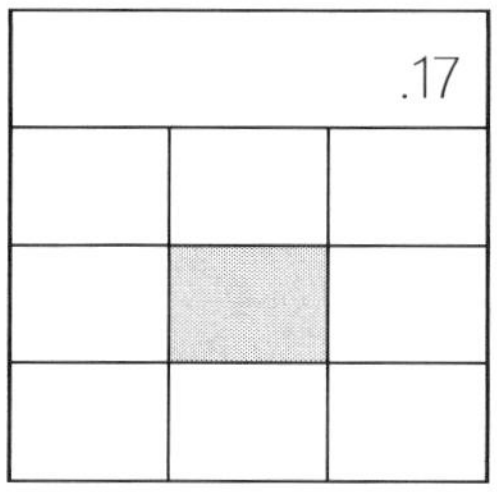

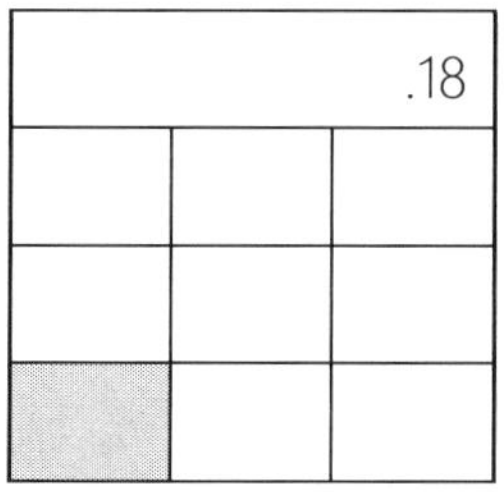

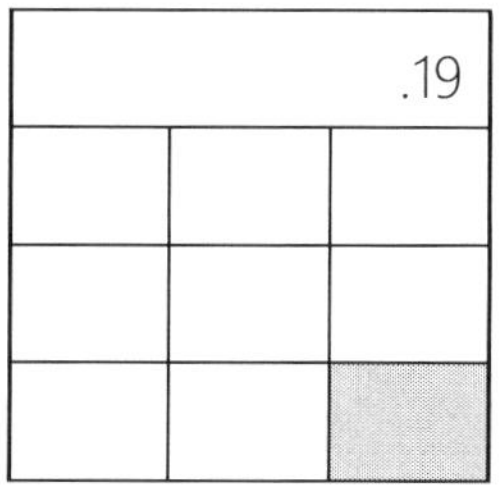

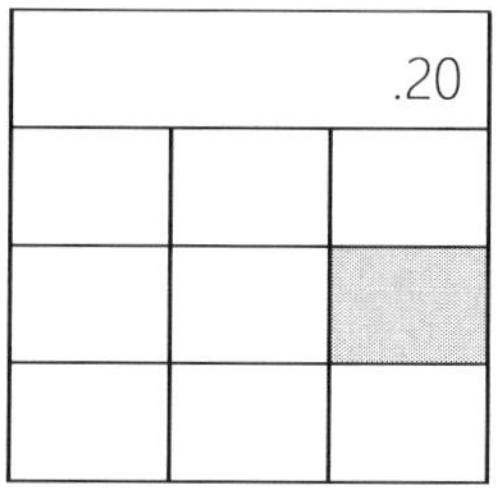

הצורה של בנין נפעל

פעלים ברבות

	עבר	הוה	עתיד
אנחנו	נִקְטַפְנוּ	נִקְטָפוֹת	נִקָּטֵף
אתן	נִקְטַפְתֶּן	נִקְטָפוֹת	תִּקָּטַפְנָה ←הִקָּטַפְנָה
הן	נִקְטְפוּ	נִקְטָפוֹת	תִּקָּטַפְנָה

כתבי את הפעלים בשרש שׂ.כ.ר.

	עבר	הוה	עתיד
אנחנו			
אתן			←
הן			

עניןהבנין | 124

צבעי את המספר הנכון

1. נִשְׁפְּטוּ

7	4	1
8	5	2
9	6	3

2. נִשְׁפַּטְנוּ

7	4	1
8	5	2
9	6	3

3. נִשְׁפָּטוֹת (אתן)

7	4	1
8	5	2
9	6	3

4. תִּשָּׁפַטְנָה (אתן)

7	4	1
8	5	2
9	6	3

5. הִשָּׁפַטְנָה

7	4	1
8	5	2
9	6	3

6. נִשְׁפַּטְתֶּן

7	4	1
8	5	2
9	6	3

7. נִשְׁפָּט

7	4	1
8	5	2
9	6	3

8. תִּשָּׁפַטְנָה (הן)

7	4	1
8	5	2
9	6	3

9. נִשְׁפָּטוֹת (אנחנו)

7	4	1
8	5	2
9	6	3

כתבי את המובן במקום הנכון

1. נִפְתָּרוֹת (הן)

7	4	1
8	5	2
9	6	3

2. נִפְתַּר

7	4	1
8	5	2
9	6	3

3. נִפְתַּרְתֶּן

7	4	1
8	5	2
9	6	3

4. תִּפָּתַרְנָה (הן)

7	4	1
8	5	2
9	6	3

5. נִפְתְּרוּ

7	4	1
8	5	2
9	6	3

6. הִפָּתַרְנָה

7	4	1
8	5	2
9	6	3

7. נִפְתַּרְנוּ

7	4	1
8	5	2
9	6	3

8. נִפְתָּרוֹת (אתן)

7	4	1
8	5	2
9	6	3

9. תִּפָּתַרְנָה (אתן)

7	4	1
8	5	2
9	6	3

צבעי במקום הנכון

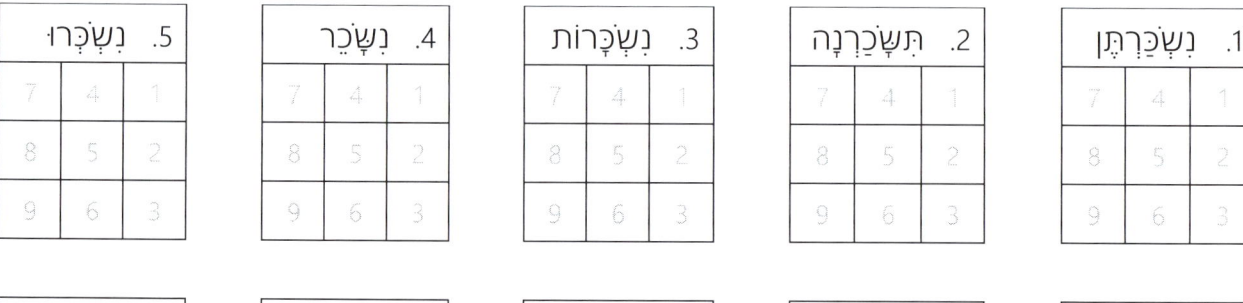

1. נִשְׁכַּרְתֶּן

7	4	1
8	5	2
9	6	3

2. תִּשָּׂכַרְנָה

7	4	1
8	5	2
9	6	3

3. נִשְׂכָּרוֹת

7	4	1
8	5	2
9	6	3

4. נִשָּׂכֵר

7	4	1
8	5	2
9	6	3

5. נִשְׂכְּרוּ

7	4	1
8	5	2
9	6	3

6. תִּקָּטַפְנָה

7	4	1
8	5	2
9	6	3

7. נִקְטַפְנוּ

7	4	1
8	5	2
9	6	3

8. נִתָּפֵר

7	4	1
8	5	2
9	6	3

9. נִקְטָפוֹת

7	4	1
8	5	2
9	6	3

10. הִתָּפַרְנָה

7	4	1
8	5	2
9	6	3

11. תִּשָּׁפַטְנָה

7	4	1
8	5	2
9	6	3

12. הִשָּׁפַטְנָה

7	4	1
8	5	2
9	6	3

13. נִשְׁפַּטְנוּ

7	4	1
8	5	2
9	6	3

14. נִשְׁפְּטוּ

7	4	1
8	5	2
9	6	3

15. נִשְׁפָּטוֹת

7	4	1
8	5	2
9	6	3

כתבי את הפועל

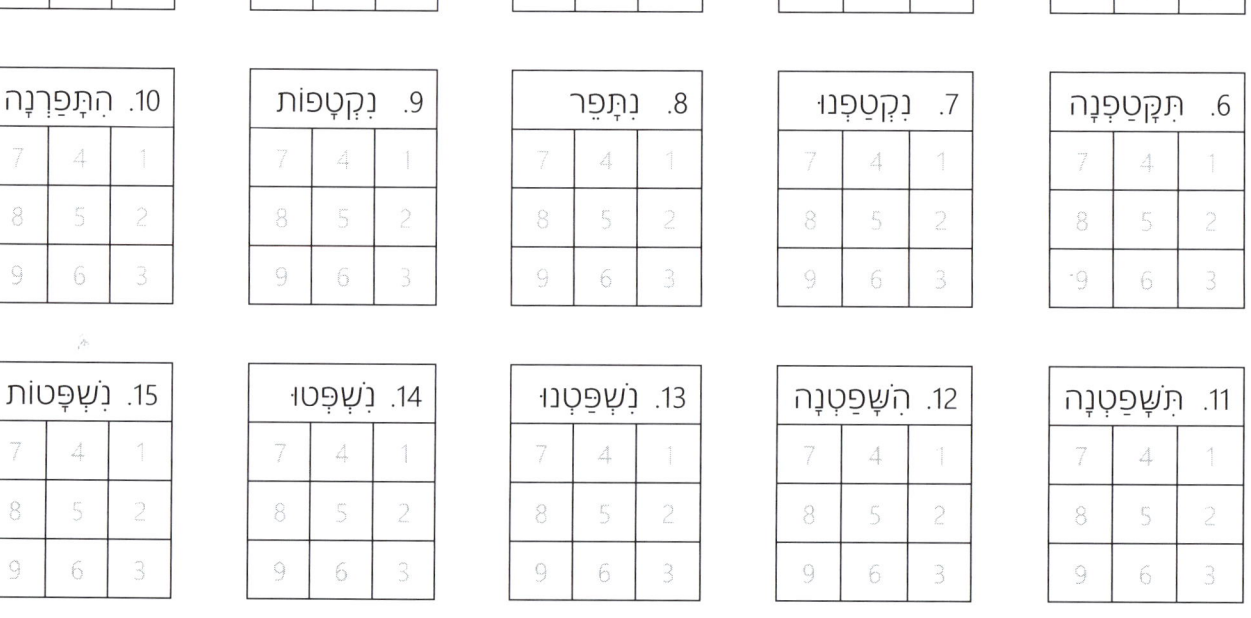

16. פ ת ר

17. פ ת ר

18. פ ת ר

19. פ ת ר

20. פ ת ר

21. ק ט פ

22. ק ט פ

23. ק ט פ

24. ק ט פ

25. ק ט פ

כתבי את הגוף

אנחנו	אתן	הן
1. נִפְתַּרְנוּ		
2. נִפְתָּרוֹת		
3. נִפָּתֵר		
4. נִפְתְּרוּ		
5. הִפָּתַרְנָה		
6. נִשְׁכָּרוֹת		
7. נִשְׂכַּרְתֶּן		
8. תִּשָּׂכַרְנָה		
9. הִשָּׂכַרְנָה		
10. נִשְׂכַּרְנוּ		

כתבי את הזמן

עבר	הוה	עתיד	צווי
11. הִקָּטַפְנָה			
12. תִּקָּטַפְנָה			
13. נִקְטַפְתֶּן			
14. נִקְטָפוֹת			
15. נִקְטַפְנוּ			
16. הִשָּׁפַטְנָה			
17. נִשְׁפָּטוֹת			
18. נִשְׁפַּטְנוּ			
19. נִשָּׁפֵט			
20. נִשְׁפְּטוּ			

כתבי את המובן

21. נִכְתְּבוּ
22. אֲנַחְנוּ נִזְרָקוֹת
23. הִשָּׁבַרְנָה
24. נִלְכַּדְתֶּן
25. נִמָּדֵד
26. הֵן נִפְקָדוֹת

כתבי את הפועל

27. מיר זענען באשטימט געווארן.
28. זיי וועלן געהערשט ווערן.
29. זיי זענען איינגענומען געווארן.
30. איר ווערט געהיטן.
31. מיר ווערן באקוקט.
32. איר וועט געציילט ווערן.

כתבי את הפעלים בזמן הנכון

1. מָחָר הֵן תִּגָּמַרְנָה	הַיּוֹם הֵן ________	אֶתְמוֹל הֵן ________
2. אֶתְמוֹל אֲנַחְנוּ נִגְמַלְנוּ	הַיּוֹם אֲנַחְנוּ ________	מָחָר אֲנַחְנוּ ________
3. הַיּוֹם אַתֶּן נִשְׁלָטוֹת	אֶתְמוֹל אַתֶּן ________	מָחָר אַתֶּן ________
4. אֶתְמוֹל הֵן נִשְׁפְּטוּ	הַיּוֹם הֵן ________	מָחָר הֵן ________
5. מָחָר אֲנַחְנוּ נִמָּדֵד	הַיּוֹם אֲנַחְנוּ ________	אֶתְמוֹל אֲנַחְנוּ ________
6. מָחָר הֵן תִּקָּצַרְנָה	אֶתְמוֹל הֵן ________	הַיּוֹם הֵן ________

זווגי את הפעלים לגוף + זמן הנכונים, ולמובן הנכון

7. אַתֶּן תִּסָּפַרְנָה __ __	1. הן + עבר	א. מיר וועלן פארקויפט ווערן.
8. נִתְפְּסוּ __ __	2. אנחנו + עבר	ב. מיר זענען געדונגען געווארן.
9. נִשְׂכַּרְנוּ __ __	3. אנחנו + הוה	ג. זיי וועלן געוואויגן ווערן.
10. נִבְדָּקוֹת __ __	4. אתן + עתיד	ד. מיר ווערן איינגעצוימט.
11. תִּשָּׁקַלְנָה __ __	5. אתן + הוה	ה. איר ווערט באקוקט.
12. נִגְדָּרוֹת __ __	6. אנחנו + עתיד	ו. איר וועט געציילט ווערן.
13. נִמָּכֵר __ __	7. הן + עתיד	ז. זיי זענען אנגעכאפט געווארן.

כתבי את הפועל והמובן

			פועל	מובן
14. אנחנו	פסל	הוה		
15. אתן	פשט	צווי		
16. הן	שלט	עתיד		
17. אתן	לקט	עבר		

בחרי בגוף ראשון, גוף שני, או גוף שלישי

1. איר ווערט אנגעכאפט.	גוף ראשון	גוף שני	גוף שלישי	6. נִפְתַּרְנוּ	גוף ראשון	גוף שני	גוף שלישי
2. חנה און שפרה ווערן געמאסטן.	גוף ראשון	גוף שני	גוף שלישי	7. נִשְׁפְּטוּ	גוף ראשון	גוף שני	גוף שלישי
3. זיי זענען איינגענומען געווארן.	גוף ראשון	גוף שני	גוף שלישי	8. נִקְטַפְתֶּן	גוף ראשון	גוף שני	גוף שלישי
4. די מיידלעך ווערן געדענקט.	גוף ראשון	גוף שני	גוף שלישי	9. נִשְׁכָּרוֹת	גוף ראשון	גוף שני	גוף שלישי
5. מיר וועלן געבינדן ווערן.	גוף ראשון	גוף שני	גוף שלישי	10. תִּבָּדַקְנָה	גוף ראשון	גוף שני	גוף שלישי

המשפט

שם עצם/שם גוף	פועל
1) קוק וועלכע גוף די גוף/שם עצם איז (*געדענק אז א שם עצם איז גוף שלישי) 2) וועהל אויס די דריי פעלים וואס האבן די זעלבע גוף	
(גוף ראשון) (גוף שני) (גוף שלישי)	קטפ קטפ קטפ קטפ קטפ קטפ קטפ קטפ קטפ
(גוף ראשון) (גוף שני) (גוף שלישי)	קטפ קטפ קטפ קטפ קטפ קטפ קטפ קטפ קטפ
(גוף ראשון) (גוף שני) (גוף שלישי)	קטפ קטפ קטפ קטפ קטפ קטפ קטפ קטפ קטפ

1. צבעי בטבלה את האפשרויות בכל זמן 2. כתבי את הפעלים	
שם עצם/שם גוף	**פועל**
1. הַחֲנֻיּוֹת	גזל גזל גזל גזל גזל גזל גזל גזל גזל
2. הַשְּׁנַיִם	בדק בדק בדק בדק בדק בדק בדק בדק בדק
3. אַתֶּן	קטף קטף קטף קטף קטף קטף קטף קטף קטף
4. אֲנַחְנוּ	שׁפט שׁפט שׁפט שׁפט שׁפט שׁפט שׁפט שׁפט שׁפט
5. הַשְּׂמָלוֹת	שׁכר שׁכר שׁכר שׁכר שׁכר שׁכר שׁכר שׁכר שׁכר

כתבי את הפועל והמובן

1. חַנָּה וּמַלְכָּה	
שם עצם	פועל (מ.ד.ד., עבר)

המובן:

2. הַדִּירוֹת	
שם עצם	פועל (שׂ.כ.ר., הוה)

המובן:

3. אֲנַחְנוּ	
שם עצם	פועל (ס.ג.ר., עתיד)

המובן:

4. הַחִידוֹת	
שם עצם	פועל (פ.ת.ר., עתיד)

המובן:

5. עִיר וָאָרֶץ	
שם עצם	פועל (ל.כ.ד., הוה)

המובן:

6. הֵן	
שם עצם	פועל (ש.מ.ר., עבר)

המובן:

כתבי את המשפט והמובן

1.
- דְּרָשׁוֹת
- אָרֹךְ
- ד.ר.שׁ.
- הוה

שם עצם	שם תואר	פועל

המובן:

2.
- הַשְּׁפָּחוֹת
- זָרִיז
- שׂ.כ.ר.
- עתיד

שם עצם	שם תואר	פועל

המובן:

3.
- עֲצָמוֹת
- חָלָשׁ
- שׁ.ב.ר.
- הוה

שם עצם	שם תואר	פועל

המובן:

4.
- אֲבָנִים
- גָּדוֹל
- ב.ד.ק.
- עבר

שם עצם	שם תואר	פועל

המובן:

5. טייערע מתנות וועלן צובראכן ווערן.

שם עצם	שם תואר	פועל

6. די נידעריגע אינגע ווערן גע'פסל'ט.

שם עצם	שם תואר	פועל

7. כתבי משפט שלך!

שם עצם	שם תואר	פועל

המובן:

בנין נפעל
בשרש ש.כ.ר.
בשרש ק.ט.פ.
בשרש ש.פ.ט.
בשרש פ.ת.ר.

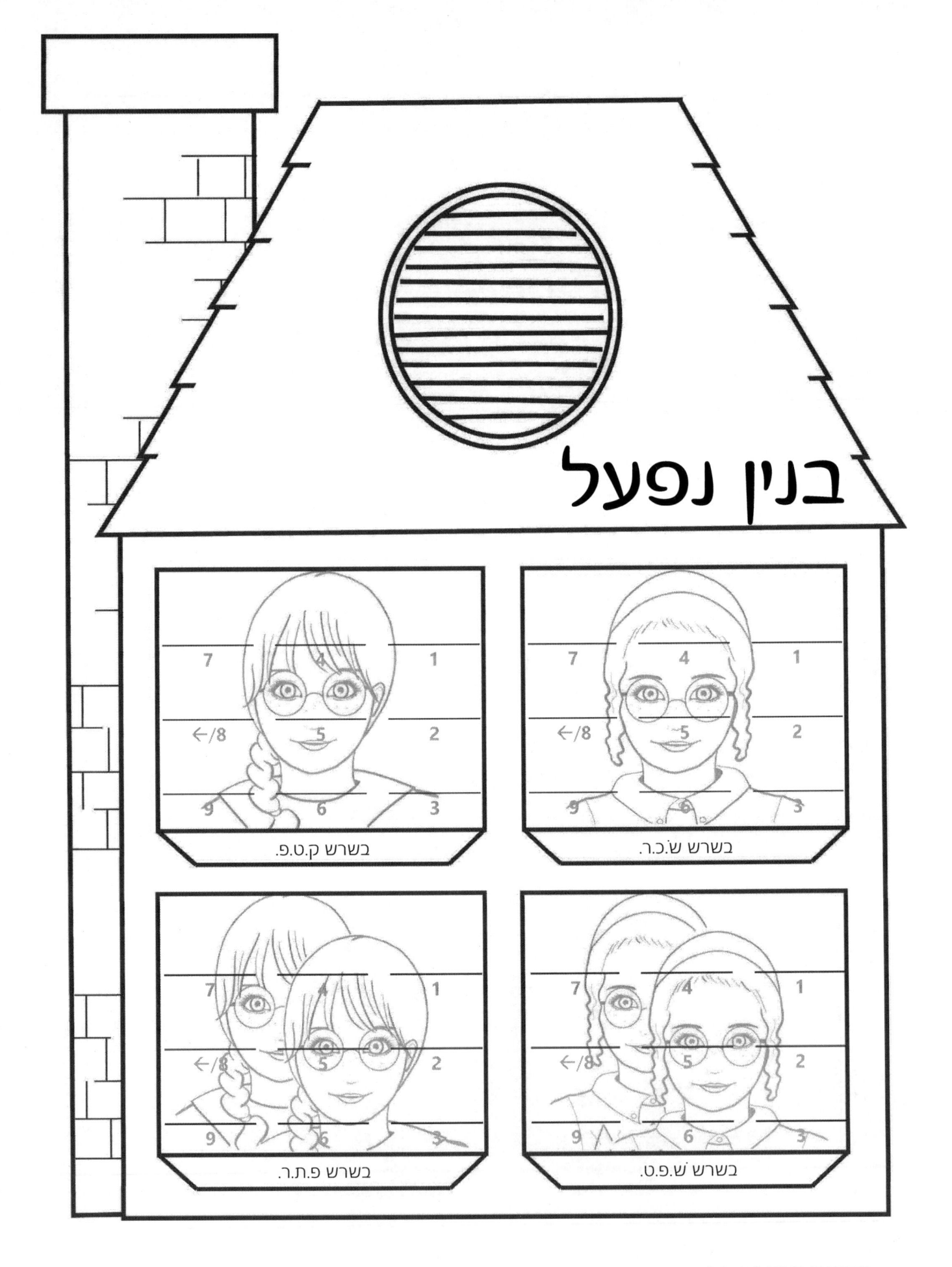

בחרי ביחיד יחידה רבים או רבות וכתבי את הגוף בחלון הנכון

כדי צו וויסן די טייטש פון א ווארט:

1. קוק אויב אס איז זכר אדער נקבה, 2. קוק וועלכע גוף עס איז

1. נִכְבְּשׁוּ

2. אֶשְׁמֵר

3. נִזְרָק

4. תִּדָּרַשְׁנָה

5. נִמְסָרִים

6. נִפְקֵד

בחרי ביחיד יחידה או רבים וכתבי את הגוף

7. נִשְׁלַטְתִּי	יחיד	יחידה	רבים	רבות		13. תִּדָּרְשׁוּ	יחיד	יחידה	רבים	רבות	
8. נִמְדָּדִים	יחיד	יחידה	רבים	רבות		14. נִלְכַּדְנוּ	יחיד	יחידה	רבים	רבות	
9. יִקָּטֵף	יחיד	יחידה	רבים	רבות		15. נִגְנְזוּ	יחיד	יחידה	רבים	רבות	
10. תִּסָּתַרְנָה	יחיד	יחידה	רבים	רבות		16. נִמְשֶׁכֶת	יחיד	יחידה	רבים	רבות	
11. נִלְקָט	יחיד	יחידה	רבים	רבות		17. נִפְסָלוֹת	יחיד	יחידה	רבים	רבות	
12. נִקְשַׁר	יחיד	יחידה	רבים	רבות		18. אֶסָּגֵר	יחיד	יחידה	רבים	רבות	

בנין קל

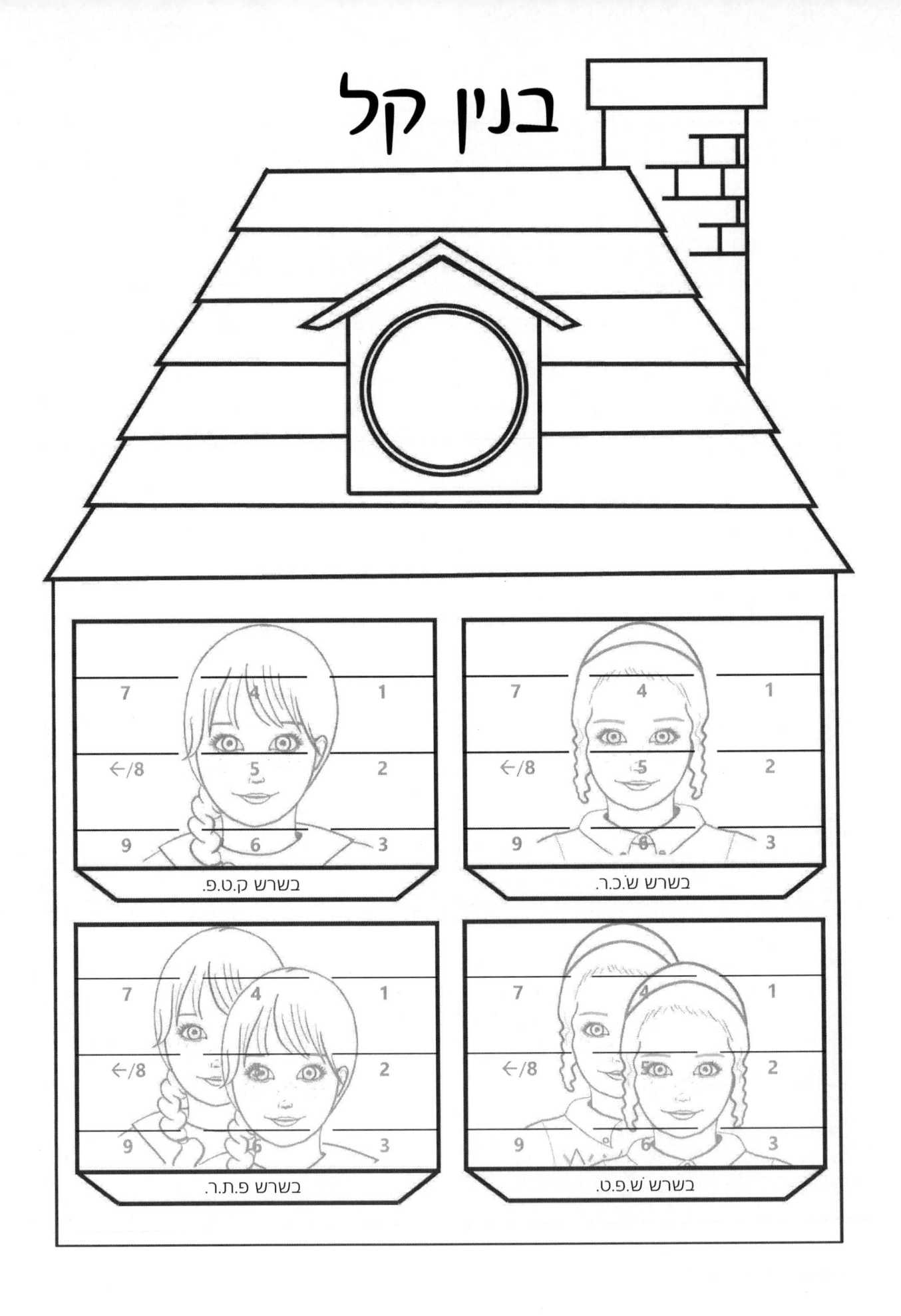

בשרש ש.כ.ר.
בשרש ק.ט.פ.
בשרש ש.פ.ט.
בשרש פ.ת.ר.

בחרי בקל או נפעל, וכתבי את הגוף

1. שָׁלַטְנוּ	
קל	נפעל

2. נִקְפַּצְתִּי	
קל	נפעל

3. תִּמְסֹרְנָה	
קל	נפעל

4. תִּקְצֹר (אתה)	
קל	נפעל

5. נִגְזְרוּ	
קל	נפעל

6. תִּכָּתְבוּ	
קל	נפעל

7. גָּמַרְתִּי	
קל	נפעל

8. סְגַרְתֶּן	
קל	נפעל

בחרי בקל או נפעל, וכתבי את המובן

פועל	קל	נפעל	מובן
9. נִתְפַּס	קל	נפעל	
10. אֶתָּפֵר	קל	נפעל	
11. טְבַלְתֶּם	קל	נפעל	
12. יִקְטְפוּ	קל	נפעל	
13. בָּדְקוּ	קל	נפעל	
14. פָּתַרְתְּ	קל	נפעל	
15. יִסְפֹּר	קל	נפעל	
16. נִטְבַּלְתָּ	קל	נפעל	
17. רָקַד	קל	נפעל	
18. תִּשָּׁמַרְנָה	קל	נפעל	
19. תִּרְשְׁמוּ	קל	נפעל	

בחרי בקל או נפעל, בעבר הוה או עתיד, וביחיד יחידה רבים או רבות

1. תּוֹפֵס

בנין קל	בנין נפעל		
עבר	הוה	עתיד	
יחיד	יחידה	רבים	רבות

2. אֶשָּׁכֵר

בנין קל	בנין נפעל		
עבר	הוה	עתיד	
יחיד	יחידה	רבים	רבות

3. נִמְסֹר

בנין קל	בנין נפעל		
עבר	הוה	עתיד	
יחיד	יחידה	רבים	רבות

4. נִשְׂרַפְתְּ

בנין קל	בנין נפעל		
עבר	הוה	עתיד	
יחיד	יחידה	רבים	רבות

5. תִּגָּמַלְנָה

בנין קל	בנין נפעל		
עבר	הוה	עתיד	
יחיד	יחידה	רבים	רבות

6. מוֹכְרִים

בנין קל	בנין נפעל		
עבר	הוה	עתיד	
יחיד	יחידה	רבים	רבות

7. נִכְבֶּשֶׁת

בנין קל	בנין נפעל		
עבר	הוה	עתיד	
יחיד	יחידה	רבים	רבות

8. נִסְתַּרְתֶּם

בנין קל	בנין נפעל		
עבר	הוה	עתיד	
יחיד	יחידה	רבים	רבות

9. יִרְקְדוּ

בנין קל	בנין נפעל		
עבר	הוה	עתיד	
יחיד	יחידה	רבים	רבות

10. תִּרְשֹׁם

בנין קל	בנין נפעל		
עבר	הוה	עתיד	
יחיד	יחידה	רבים	רבות

11. תִּכָּתְבִי

בנין קל	בנין נפעל		
עבר	הוה	עתיד	
יחיד	יחידה	רבים	רבות

12. נִתְפָּרִים

בנין קל	בנין נפעל		
עבר	הוה	עתיד	
יחיד	יחידה	רבים	רבות

13. שְׁקַלְתֶּן

בנין קל	בנין נפעל		
עבר	הוה	עתיד	
יחיד	יחידה	רבים	רבות

14. פָּשְׁטָה

בנין קל	בנין נפעל		
עבר	הוה	עתיד	
יחיד	יחידה	רבים	רבות

15. נִדְרַשׁ

בנין קל	בנין נפעל		
עבר	הוה	עתיד	
יחיד	יחידה	רבים	רבות

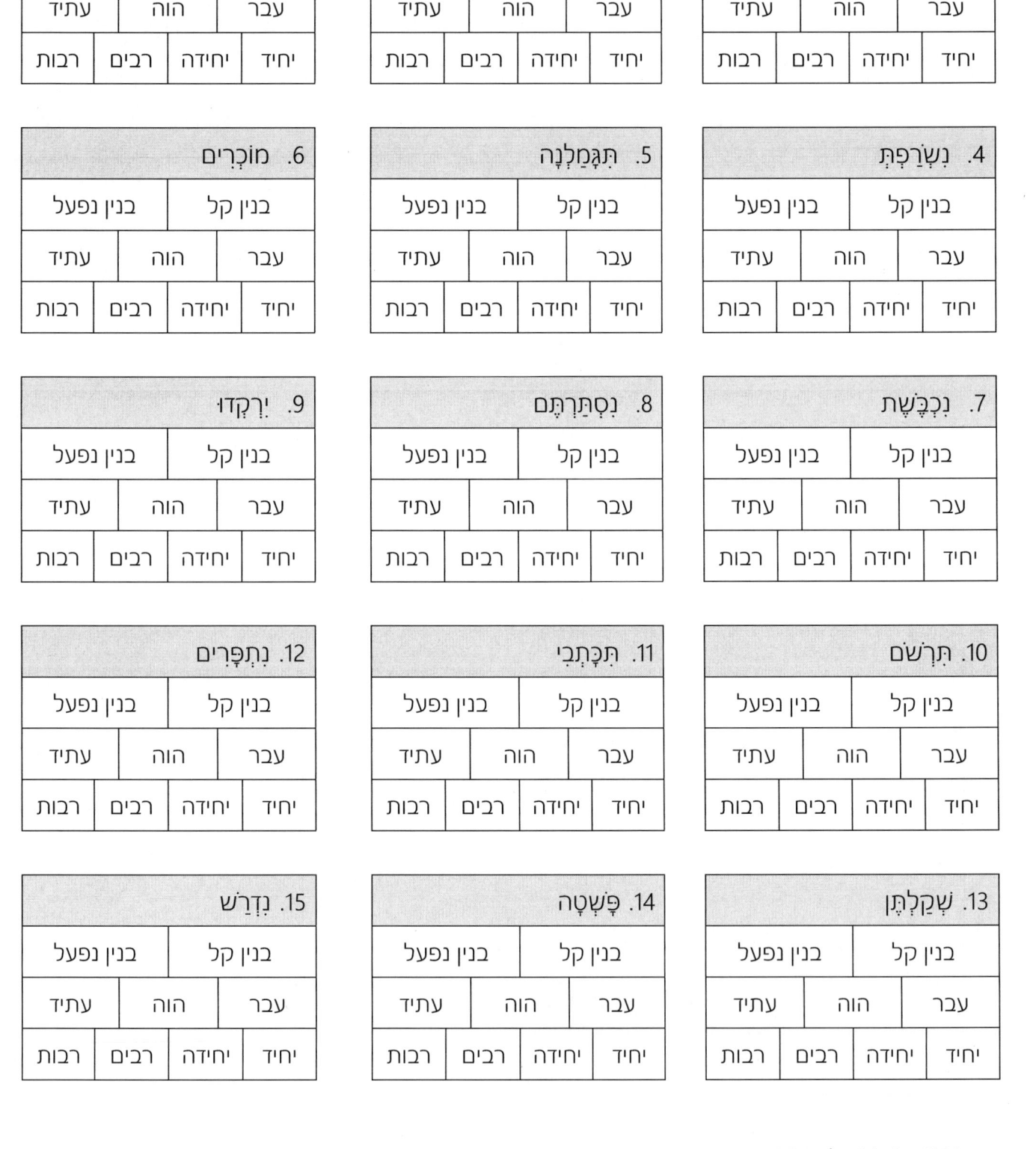

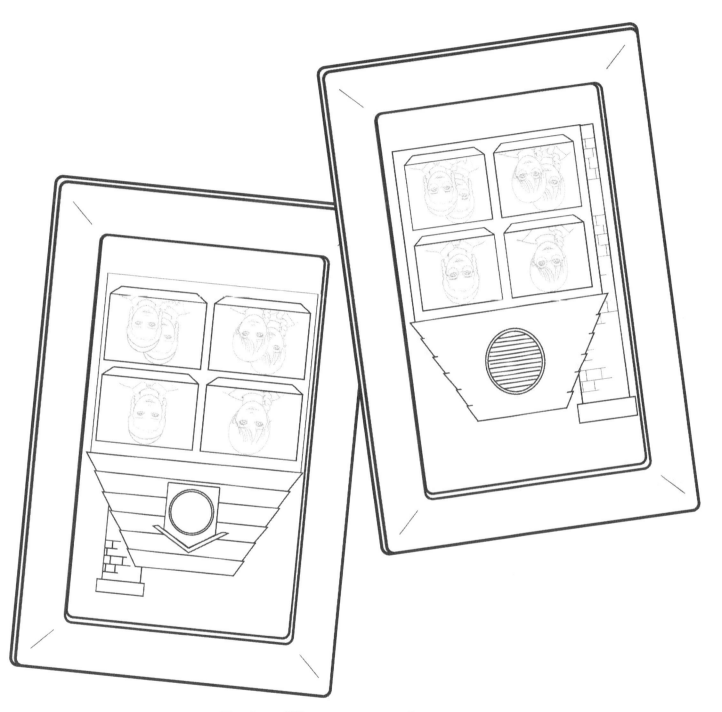

משפטים

אותיות השימוש: לִ׳

שם עצם	פועל	לְ	שם עצם
הַתְּעוּדוֹת	תִּמָּסַרְנָה	לְ	תַּלְמִידוֹת

נקודות של לִ׳

ווען מען לייגט א לִ׳ פאר א ווארט, באקומט עס א שוא.	לְעִיר
ווען די לִ׳ קומט פאר א שוא, איז די נקודה אינטער די לִ׳ א חיריק.	לִדְרָשָׁה
ווען די לִ׳ איז פאר א ה׳ הידיעה, באקומט די לִ׳ די נקודה וואס איז אינטער די ה׳.	לְ + הַ + שָּׂדֶה = לַשָּׂדֶה
	לְ + הָ + עִיר = לָעִיר
	לְ + הֶ + עָרִים = לֶעָרִים

אֶל/לְ - צו

אֶל קען ווערן פארקערצערט צו א לִ׳

אֶל/לְ + שם עצם	אֶל/לְ + שם גוף			
אֶל בֵּית הַסֵּפֶר = לְבֵית הַסֵּפֶר	אֶל + אֲנִי =	אֵלֵינוּ	לְ + אֲנִי =	לָהֶם
אֶל הָאָרֶץ = לָאָרֶץ	אֶל + אַתָּה =	אֵלַיִךְ	לְ + אַתָּה =	לָךְ
= לְבָנִים	אֶל + אַתְּ =	אֲלֵיהֶם	לְ + אַתְּ =	לָהֶן
= אֶל הַבָּנִים	אֶל + הוּא =	אֵלֶיךָ	לְ + הוּא =	לָכֶן
= לְשָׂרָה	אֶל + הִיא =	אֲלֵיכֶן	לְ + הִיא =	לָכֶם
= אֶל צְפַת	אֶל + אֲנַחְנוּ =	אֲלֵיהֶן	לְ + אֲנַחְנוּ =	לִי
= לְעִיר רְחוֹקָה	אֶל + אַתֶּם =	אֵלָיו	לְ + אַתֶּם =	לָנוּ
= אֶל גַּן	אֶל + אַתֶּן =	אֵלַי	לְ + אַתֶּן =	לָהּ
= לְבֵית הַסְּפָרִים	אֶל + הֵם =	אֵלֶיהָ	לְ + הֵם =	לְךָ
= אֶל הַיָּם	אֶל + הֵן =	אֲלֵיכֶם	לְ + הֵן =	לוֹ

כתבי את המלים המסומנות בקיצור, וכתבי את המובן שלהן

1. אֲנִי זָרַקְתִּי חֵץ [אֶל הָעִיר].		
2. כְּתֹב [אֶל אֲנִי].		
3. הַשִּׁפְחוֹת כּוֹתְבוֹת [אֶל בַּעֲלַת הַבַּיִת].		
4. אֲנַחְנוּ מוֹשְׁכוֹת חֶבֶל [אֶל אֲנַחְנוּ].		
5. הַמְּרַגְּלִים יִמְסְרוּ סוֹדוֹת [אֶל אַתֶּם].		
6. הָעוֹזֵר זוֹרֵק אוֹכֶל [אֶל חַיּוֹת].		

הוסיפי את האות ל' וכתבי את המשפט והמובן

7.
- רוֹצֵחַ
- שׁ.פ.ט.
- עבר ,נפעל
- __מָוֶת

שם עצם	פועל	אותיות השימוש/שם עצם

המובן:

8.
- הַחֲכָמִים
- פ.ת.ר.
- הוה, קל
- אֶת הַחֲלוֹם
- __טוֹבָה

שם עצם	פועל	מקבל הפעולה	אותיות השימוש/שם עצם

המובן:

9.
- הַשְּׁכֵנוֹת
- מ.ס.ר.
- עתיד, קל
- סֵפֶר
- אֶל אֲנִי

שם עצם	פועל	מקבל הפעולה	אותיות השימוש/שם עצם

המובן:

10.
- אַתֶּם
- מ.שׁ.כ.
- עבר, נפעל
- __כֶּבֶל

שם עצם	פועל	אותיות השימוש/שם עצם

המובן:

לְ - פאר

לְ + שם עצם	לְ + שם גוף
לְ + רָחֵל = לְרָחֵל	לְ + אֲנִי =
לְ + מָשָׁל = לְמָשָׁל	לְ + אַתָּה =
לְ + קְהִילָה = לִקְהִילָה	לְ + אַתְּ =
לְ + שָׁלוֹם = לְשָׁלוֹם	לְ + הוּא =
לְ + טוֹבָה = לְטוֹבָה	לְ + הִיא =
לְ + דוּגְמָא = לְדוּגְמָא	לְ + אֲנַחְנוּ =
לְ + יֶלֶד = לְיֶלֶד	לְ + אַתֶּם =
לְ + מֶלֶךְ = לְמֶלֶךְ	לְ + אַתֶּן =
לְ + הַמִּשְׁפָּחָה = לַמִּשְׁפָּחָה	לְ + הֵם =
לְ + בְּרָכָה = לִבְרָכָה	לְ + הֵן =

הוסיפי ל' וגמרי את המשפט במלה מהטבלה למטה

1. הַמִּכְתָּבִים	הַחֲשׁוּבִים	נִגְנָזִים	ל...
שם עצם	שם תואר	פועל	אותיות השימוש/שם עצם

2. גְּזֵרוֹת	חֲדָשׁוֹת	תִּמָּסַרְנָה	ל...
שם עצם	שם תואר	פועל	אותיות השימוש/שם עצם

3. הַשֻּׁלְחָן	נִמְכָּר	ל...
שם עצם	פועל	אותיות השימוש/שם עצם

קוֹנֶה	עָתִיד	עִיר

כתבי תחת כל מלה איזה חלק המשפט היא

שם עצם	שם תואר	פועל	מקבל הפעולה	אות שימוש - עִם שם עצם

1. הַנֵּרוֹת	נִגְזְרוּ	לַחֲתִיכוֹת	קְטַנּוֹת.

2. הַקְּהִלָּה	הַקְּדוֹשָׁה	כָּתְבָה	פִּיּוּט	לִכְבוֹד הַמַּלְכוּת.

3. הָאִכָּר	יִקְטֹף	חִטָּה	לַלֶּחֶם

כתבי את המשפט

4. די מומע וועט שענקען א רינגל פאר די מיידל.

שם עצם	פועל	מקבל הפעולה	אותיות השימוש/שם עצם

5. די רייכע האט געשאנקען א חסד פאר די מוסד.

שם עצם	פועל	מקבל הפעולה	אותיות השימוש/שם עצם

בחרי במלים הנכונות וכתבי את המובן

.1	הֵם	גָּזְלוּ	(אֶת הַיְרוּשָׁה/בִּירוּשָׁה/מִירוּשָׁה/לִירוּשָׁה).
	שם עצם	פועל	מקבל הפעולה/אותיות השימוש

המובן:

.2	אַתְּ	כָּתַבְתְּ	(אֶת חֲבֵרָה/בַּחֲבֵרָה/מִן חֲבֵרָה/אֶל חֲבֵרָה).
	שם עצם	פועל	מקבל הפעולה/אותיות השימוש

המובן:

.3	תַּפּוּחַ	נִקְצַר	(את עֵץ/בְּעֵץ/מֵעֵץ/לְעֵץ).
	שם עצם	פועל	מקבל הפעולה/אותיות השימוש

המובן:

.4	הַזָּהָב	נִסְגַּר	(אֶת אָרוֹן/בְּאָרוֹן/מֵאָרוֹן/לְאָרוֹן).
	שם עצם	פועל	מקבל הפעולה/אותיות השימוש

המובן:

.5	שָׁלוֹם	פָּשַׁט	(אֶת הַחֲגוֹרָה/בַּחֲגוֹרָה/מִן חֲגוֹרָה/אֶל חֲגוֹרָה).
	שם עצם	פועל	מקבל הפעולה/אותיות השימוש

המובן:

ענין הבנין | 144

כתבי את הפועל ובחרי במלים הנכונות וכתבי את המובן

1.	אַתֶּם		(אֶת הַגָּדֵר/בְּגָדֵר/מִגָּדֵר/לְגָדֵר).
	שם עצם	עבר, ש.ב.ר., בקל	מקבל הפעולה/אותיות השימוש

המובן:

2.	אֲנִי		(אֶת כִּינִים/בְּכִּינִים/מֵכִּינִים/לְכִּינִים).
	שם עצם	עבר, ב.ד.ק., בנפעל	מקבל הפעולה/אותיות השימוש

המובן:

3.	הַמִּשְׁפָּחָה		(אֶת הָעִיר/בָּעִיר/מִן הָעִיר/אֶל הָעִיר).
	שם עצם	עבר, ז.ר.ק., בנפעל	מקבל הפעולה/אותיות השימוש

המובן:

4.	הַיֶּלֶד		אֶת הֶחָבֵר (אֶת יָד/בַּיָּד/מִיָּד/לְיָד).
	שם עצם	הוה, ת.פ.ס., בקל	מקבל הפעולה/אותיות השימוש

המובן:

5.	הַדְּרָשָׁה		(אֶת תַּלְמִידִים/בְּתַלְמִידִים/מִתַּלְמִידִים/לְתַלְמִידִים).
	שם עצם	עבר, מ.ס.ר., בנפעל	מקבל הפעולה/אותיות השימוש

המובן:

כתבי משפטים שלך

		אֶל
שם עצם (רבות)	פועל (קל, עבר)	מקבל הפעולה

		לְ
שם עצם (רבים)	שם תואר	פועל (נפעל, הוה)

שם עצם (יחיד)	שם תואר	פועל (קל, עתיד)	מקבל הפעולה	שם תואר

		בְּ
שם עצם (רבות)	פועל (נפעל, עבר)	

שם עצם (יחידה)	שם תואר	פועל (נפעל, עתיד)	בַּחֲרִי בְּאוֹת שִׁמּוּשׁ (ב/ל/מ)

שם עצם (יחיד)	פועל (קל, הוה)	בַּחֲרִי בְּאוֹת שִׁמּוּשׁ (ב/ל/מ)

משפטים

שֶׁל

של - וואס געהערט צו (שֶׁ-וואס, לְ-צו)		
של + שם עצם	**של + שם גוף**	
הַסֵּפֶר שֶׁל הָרַב	שֶׁל + אֲנִי =	שֶׁלְּךָ
פְּנִינִים שֶׁל רָחֵל	שֶׁל + אַתָּה =	שֶׁלָּהֶם
הָאָב שֶׁל דָּוִד	שֶׁל + אַתְּ =	שֶׁלָּכֶן
הַבַּיִת שֶׁל מִשְׁפַּחַת גְּרִין	שֶׁל + הוּא =	שֶׁלָּךְ
יְשִׁיבָה שֶׁל מַעֲלָה	שֶׁל + הִיא =	שֶׁלָּכֶם
הַסְּחוֹרָה שֶׁל הַסּוֹחֵר	שֶׁל + אֲנַחְנוּ =	שֶׁלּוֹ
אוֹר שֶׁל יוֹם	שֶׁל + אַתֶּם =	שֶׁלָּהֶן
כֶּתֶר שֶׁל מַלְכוּת	שֶׁל + אַתֶּן =	שֶׁלָּנוּ
דְּיוֹ שֶׁל הַסּוֹפֵר	שֶׁל + הֵם =	שֶׁלִּי
כֵּלִים שֶׁל הָאוֹפֶה	שֶׁל + הֵן =	שֶׁלָּהּ

כתבי את המובן

1. הַבֵּן שֶׁלִּי	שָׁפַךְ	אֶת הַמַּיִם.
שם עצם	פועל	מקבל הפעולה

המובן:

2. הַחֲנוּת שֶׁל אַהֲרֹן	נִגְזְלָה	בַּלַּיְלָה.
שם עצם	פועל	אותיות השימוש/שם עצם

המובן:

כתבי את חלקי המשפט במקומות הנכונים וכתבי את המובן

1. הָעֲבָדִים שֶׁל הַמֶּלֶךְ נִשְׁפָּטִים כְּדִין.

שם עצם	פועל	אותיות השימוש/שם עצם

המובן:

2. צְפַרְדְּעִים קוֹפְצוֹת בְּבֶטֶן שֶׁל מִצְרִי.

שם עצם	פועל	אותיות השימוש/שם עצם

המובן:

3. הַפְּרָחִים שֶׁלָּנוּ יִקָּטְפוּ בְּעֶרֶב הֶחָג.

שם עצם	פועל	אותיות השימוש/שם עצם

המובן:

4. הָרוֹפֵא בּוֹדֵק אֶת הַתִּינוֹק שֶׁלִּי.

שם עצם	פועל	מקבל הפעולה

המובן:

5. הָאֶצְבָּאוֹת שֶׁל יוֹכֶבֶד נִמְדָּדוֹת.

שם עצם	פועל

המובן:

שֶׁל + שֵׁם גּוּף + שֵׁם עֶצֶם

דּוֹד (יָחִיד)	דּוֹדָה (יְחִידָה)	דּוֹדִים (רַבִּים)	דּוֹדוֹת (רַבּוֹת)
הַדּוֹד + שֶׁלִּי = דּוֹדִי	הַדּוֹדָה + שֶׁלִּי = דּוֹדָתִי	הַדּוֹדִים + שֶׁלִּי = דּוֹדַי	הַדּוֹדוֹת + שֶׁלִּי = דּוֹדוֹתַי
הַדּוֹד + שֶׁלְּךָ = דּוֹדְךָ	הַדּוֹדָה + שֶׁלְּךָ = דּוֹדָתְךָ	הַדּוֹדִים + שֶׁלְּךָ = דּוֹדֶיךָ	הַדּוֹדוֹת + שֶׁלְּךָ = דּוֹדוֹתֶיךָ
הַדּוֹד + שֶׁלָּךְ = דּוֹדֵךְ	הַדּוֹדָה + שֶׁלָּךְ = דּוֹדָתֵךְ	הַדּוֹדִים + שֶׁלָּךְ = דּוֹדַיִךְ	הַדּוֹדוֹת + שֶׁלָּךְ = דּוֹדוֹתַיִךְ
הַדּוֹד + שֶׁלּוֹ = דּוֹדוֹ	הַדּוֹדָה + שֶׁלּוֹ = דּוֹדָתוֹ	הַדּוֹדִים + שֶׁלּוֹ = דּוֹדָיו	הַדּוֹדוֹת + שֶׁלּוֹ = דּוֹדוֹתָיו
הַדּוֹד + שֶׁלָּהּ = דּוֹדָהּ	הַדּוֹדָה + שֶׁלָּהּ = דּוֹדָתָהּ	הַדּוֹדִים + שֶׁלָּהּ = דּוֹדֶיהָ	הַדּוֹדוֹת + שֶׁלָּהּ = דּוֹדוֹתֶיהָ
הַדּוֹד + שֶׁלָּנוּ = דּוֹדֵנוּ	הַדּוֹדָה + שֶׁלָּנוּ = דּוֹדָתֵנוּ	הַדּוֹדִים + שֶׁלָּנוּ = דּוֹדֵינוּ	הַדּוֹדוֹת + שֶׁלָּנוּ = דּוֹדוֹתֵינוּ
הַדּוֹד +שֶׁלָּכֶם = דּוֹדְכֶם	הַדּוֹדָה +שֶׁלָּכֶם = דּוֹדַתְכֶם	הַדּוֹדִים + שֶׁלָּכֶם = דּוֹדֵיכֶם	הַדּוֹדוֹת +שֶׁלָּכֶם = דּוֹדוֹתֵיכֶם
הַדּוֹד + שֶׁלָּכֶן = דּוֹדְכֶן	הַדּוֹדָה + שֶׁלָּכֶן = דּוֹדַתְכֶן	הַדּוֹדִים + שֶׁלָּכֶן = דּוֹדֵיכֶן	הַדּוֹדוֹת + שֶׁלָּכֶן = דּוֹדוֹתֵיכֶן
הַדּוֹד + שֶׁלָּהֶם = דּוֹדָם	הַדּוֹדָה + שֶׁלָּהֶם = דּוֹדָתָם	הַדּוֹדִים + שֶׁלָּהֶם = דּוֹדֵיהֶם	הַדּוֹדוֹת + שֶׁלָּהֶם = דּוֹדוֹתֵיהֶם
הַדּוֹד + שֶׁלָּהֶן = דּוֹדָן	הַדּוֹדָה + שֶׁלָּהֶן = דּוֹדָתָן	הַדּוֹדִים + שֶׁלָּהֶן = דּוֹדֵיהֶן	הַדּוֹדוֹת + שֶׁלָּהֶן = דּוֹדוֹתֵיהֶן

שימי לב: דּוֹדֵנוּ = הַדּוֹד שֶׁלָּנוּ, דּוֹדֵינוּ = הַדּוֹדִים שֶׁלָּנוּ

כתבי את המלים בנטיה הנכונה

בַּחֲתוּנָּה שֶׁלִּי (_____),
הָאָח שֶׁלִּי (_____) צָעַק,
הָאֵם שֶׁלִּי (_____) דָּאֲגָה,
הָאֲחָיוֹת שֶׁלִּי (_____) רָקְדוּ,
הַדּוֹדִים שֶׁלִּי (_____) קָפְצוּ,
הַחֲבֵרוֹת שֶׁלִּי (_____)צָחֲקוּ,
וַאֲנִי שָׂמַחְתִּי!

בְּכִתַּתְכֶן (_____ _____),
מוֹרַתְכֶן (_____ _____) שׁוֹאֶלֶת,
עֲבוֹדַתְכֶן (_____ _____) נִגְמֶרֶת,
הַתְּשׁוּבוֹתֵיכֶן (_____ _____) נִלְמָדוֹת,
אָזְנֵיכֶן (_____ _____) שׁוֹמְעוֹת,
מֹחוֹתֵיכֶן (_____ _____) תּוֹפְסִים,
וְאַתֶּן חֲכָמוֹת!

כתבי את המלים במלה אחת	
1. מַתָּנָה שֶׁלְּךָ	
2. בִּנְיָנִים שֶׁלָּנוּ	
3. נְדָבוֹת שֶׁלָּהּ	
4. מְעִיל שֶׁלִּי	
5. פַּחִים שֶׁלָּהֶם	
6. עֲבוֹדָה שֶׁלָּךְ	
7. פָּרָה שֶׁלָּכֶם	
8. אֲרָצוֹת שֶׁלּוֹ	
9. כִּנּוֹר שֶׁלָּכֶן	
10. הַחְלָטָה שֶׁלָּהֶן	
11. נְשָׁמוֹת שֶׁלָּהֶן	
12. זֵיתִים שֶׁלִּי	
13. עֻגּוֹת שֶׁלְּךָ	
14. שְׂמָלוֹת שֶׁלָּנוּ	
15. חֲבָלִים שֶׁלָּהּ	
16. תְּמוּנָה שֶׁלָּכֶם	
17. תַּלְמִיד שֶׁלָּכֶן	
18. אֶתְרוֹג שֶׁלָּהֶם	
19. חַלּוֹן שֶׁלָּךְ	
20. סִירִים שֶׁלּוֹ	

כתבי את המלים כשתי מלים	
21. מְעִילֵנוּ	
22. אַבְנוֹ	
23. אָזְנָיו	
24. מוֹרֵיךְ	
25. מִטָּתֵךְ	
26. בְּשָׂרוֹ	
27. בֵּיתָהּ	
28. מוֹרֵיכֶם	
29. סוּסַי	
30. יָדֵינוּ	
31. נַעֲלַי	
32. נַעֲלִי	
33. בְּחִינוֹתֵינוּ	
34. מִכְתָּבָם	
35. סַכִּינוֹ	
36. תְּעוּדוֹתָיו	
37. בַּקָּשׁוֹתֵינוּ	
38. חוּטְכֶם	
39. כִּיסִי	
40. צָרוֹתֵינוּ	

של + שם גוף כמקבל הפעולה

כתבי את המילות המסומנות בקיצור

.1	זָקֵן	זָכַר	[אֶת הַדּוֹד שֶׁלִּי].
	שם עצם	פועל	מקבל הפעולה

.2	שָׂרָה	שָׂכְרָה	[אֶת הַשֻּׁלְחָנוֹת שֶׁלָּךְ].
	שם עצם	פועל	מקבל הפעולה

.3	הַתּוֹפְרוֹת	מוֹדְדוֹת	[אֶת הַשִּׂמָלוֹת שֶׁלָּה].
	שם עצם	פועל	מקבל הפעולה

.4	אַתָּה	תִּגְמֹר	[אֶת הַמִּכְתָּב שֶׁלְּךָ].
	שם עצם	פועל	מקבל הפעולה

.5	הָעֲשִׁירִים	יִשְׁמְרוּ	[אֶת הַמָּמוֹן שֶׁלָּהֶם].
	שם עצם	פועל	מקבל הפעולה

של + שם גוף + שמות תואר

שם עצם	שם תואר	של מי?	נכתב בקיצור	מובן
1. הַדּוֹד	הַטּוֹב	שֶׁלִּי	דּוֹדִי הַטּוֹב	מיין גוטע פעטער
2. הַתְּעוּדוֹת	הַחֲשׁוּבוֹת	שֶׁלָּנוּ		
3. הָרִצְפָּה	הַנְּקִיָּה	שֶׁלָּהּ		
4. הָאָזְנַיִם	הַקְּטַנּוֹת	שֶׁלְּךָ		
5. הַבִּנְיָן	הֶחָזָק	שֶׁלָּכֶם		

כתבי את המילות בקיצור וכתבי את המובן

6. הַפֶּרַח הַיָּרֹק שֶׁלָּהּ	יִקָּטֵף.
שם עצם	פועל

המובן:

7. הַסִּימָן הַיָּשָׁן שֶׁלִּי	נִמְסָר.
שם עצם	פועל

המובן:

כתבי את המובן

שם עצם	פועל	מקבל הפעולה
1. מוֹרָתָם הַזָּקֵן	פָּגַשׁ	אוֹתָם.

המובן:

שם עצם	פועל
2. חֲלוֹמְךָ הַטִּפֵּשׁ	נִזְכָּר.

המובן:

שם עצם	פועל	מקבל הפעולה
3. הַתּוֹפֶרֶתָנוּ הַזְּרִיזָה	תִּתְפֹּר	אֶת בִּגְדֵי הֶחָדָשׁ.

המובן:

כתבי משפטים שלך

שם עצם	שם תואר	של מי?	פועל (נפעל, עבר)	על ידי

שם עצם	פועל (קל, עתיד)	מקבל הפעולה	שם תואר	של מי?

ענין הבנין | 154

כתבי תחת כל מלה איזה חלק המשפט היא וכתבי את המובן

משפט #1

הָאוֹפֶה	הַזָּקֵן	מֵאִיטַלְיָא	מוֹכֵר	לֶחֶם	עָגֹל
שם עצם				מקבל הפעולה	

וְעֻגוֹת	יָפוֹת	כָּל בּוֹקֶר	לְנָשִׁים שֶׁל הָעִיר	מוּל בֵּית הַמִּדְרָשׁ.
מקבל הפעולה			אות שימוש/ שם עצם	

מובן:

משפט #2

הַיּוֹם,	הַתַּלְמִידוֹת	הַתְּמִימוֹת	שֶׁלִּי	גָּמְרוּ	אֶת הָעֲבוֹדָה
		שם תואר		פעל	

שֶׁלָּהֶן	כְּמוֹ	אַיָּלוֹת	זְרִיזוֹת	בְּיַעַר.
	מלת יחס			

מובן:

חלקי המשפט

שם עצם	שם תואר	מקבל הפעולה	פועל	מלת יחס	מלת זמן	אות שימוש/ שם עצם

כתבי משפטים שלך וכתבי תחת כל מלה איזה חלק המשפט היא

משפט #1

מובן:

חלקי המשפט

שם עצם	שם תואר	מקבל הפעולה	פועל	מלת יחס	מלת זמן	אות שימוש/ שם עצם

כתבי את המשפט - השתמשי במלים מלמטה

1. איך האב געדענקט די ענטפער.
2. מר. כהן האט געדונגען טישן פון מר. לוי.
3. מנשה האט געקליבן בלומען פאר די מאלצייט.
4. די תלמיד האט אפגעטייטשט די ווערטער מיט קלוגשאפט.
5. די לאנגע בריוו איז געשריבן געווארן פאר די קהילה.

חָכְמָה	פְּרָחִים	תְּשׁוּבָה	אִגֶּרֶת אֲרֻכָּה	שֻׁלְחָנוֹת	מִלִּים	עֵץ

מלון

לשון הקודש ◀ אידיש

אידיש ◀ לשון הקודש

שרשים

א

אָב	א טאטע
אָבִיב	פרילינג
אֶבֶן	א שטיין
אָבָק	שטויב
אָדָם	א מענטש
אָדֹם	רויט
אֲדָמָה	ערד
אַדֶּרֶת	א מאנטל
אַהֲבָה	ליבשאפט
אוֹזֶן	אן אויער
אוֹיֵב	א פיינט
אֲוִיר	לופט
אוֹכֶל	עסן
אוּלָם	א זאל
אוּמָּה	א פאלק
אוֹפֶה פעל	באקט
אוֹפֶה שע	א בעקער
אוֹפָה שע	א בעקערן
אוֹר	א ליכטיגקייט
אוֹרֵחַ	א גאסט
אוֹת	א צייכן
אוֹת שִׁימּוּשׁ	אן אות וואס באדינט א ווארט
אוֹתָהּ	איר
אוֹתוֹ	אים
אוֹתִי	מיר
אוֹתְךָ	דיר (ז)
אוֹתָךְ	דיר (נ)
אוֹתָם	זיי (ז)
אוֹתָן	זיי (נ)
אוֹתָנוּ	אונז
אָח	א ברודער
אָחוֹת	א שוועסטער
אַחֵר	אן אנדערע
אַחַר, אַחֲרֵי	נאך (דערנאך / ווייטער)
אַחֲרֵי צָהֳרַיִם	נאכמיטאג
אֵיבָרִים	גלידער
אֵיזֶה	וועלכע
אֵיךְ	וויאזוי
אֵימָה	שרעק
אִישׁ	א מאן
אִכָּר	א פויער (farmer)
אֶל	צו
אֵלַי	צו מיר
אֵלֶיהָ	צו איר
אֲלֵיהֶם	צו זיי (ז)
אֲלֵיהֶן	צו זיי (נ)
אֵלָיו	צו אים
אֵלֶיךָ	צו דיר (ז)
אֵלַיִךְ	צו דיר (נ)
אֲלֵיכֶם	צו אייך (ז)
אֲלֵיכֶן	צו אייך (נ)
אֵלֵינוּ	צו אונז
אֶלֶף	טויזענט
אֵם	א מאמע
אֲנַחְנוּ	מיר
אֲנִי	איך
אֲנָשִׁים	מענטשן, מענער
אַף	א נאז
אֶצְבַּע	א פינגער
אֵצֶל	נעבן
אָרוֹךְ	לאנג
אָרוֹן	א שאנק, א קאסטן
אֲרִי	א לייב
אֶרֶץ	א לאנד, ערד (earth/country)
אֵשׁ	א פייער
אִשָּׁה	א פרוי
אַתְּ	דו (נקבה)
אַתָּה	דו (זכר)
אָתוֹן	אן אייזל (נקבה)
אֶתְכֶם	אייך (ז)
אֶתְכֶן	אייך (נ)
אַתֶּם	איר (זכר)
אֶתְמוֹל	נעכטן
אַתֶּן	איר (נקבה)

ב

בְּ...	אין.../מיט...
בְּאֵר	א ברונעם
בַּבְלִי	א בבלישע, פון בבל
בֶּגֶד	א קליידונג
בָּהּ	אין איר
בָּהֶם	אין זיי (ז)
בָּהֶן	אין זיי (נ)
בּוֹ	אין אים
בָּחוּר	א יונג
בְּחִינָה	א קאטעגאריע / א פארהער
בֶּטֶן	א בויך
בִּי	אין מיר
בֵּין	אינצווישן / סיי
בֵּיצָה	אן איי
בַּיִת	א הויז
בֵּית הַסֵּפֶר	שולע
בְּךָ	אין דיר (ז)
בָּךְ	אין דיר (נ)
בְּכוֹר	אן עלטסטע
בָּכֶם	אין אייך (ז)
בָּכֶן	אין אייך (נ)
בֵּן	א זוהן
בָּנוּ	אין אונז
בָּנִים	קינדער / זין
בִּנְיָן	א געביידע
בְּעַד	צוליב (for the sake of)
בַּעַל	אן אייגנטימער / א מאן
בַּעֲלֵי חַיִּים	לעבעדיגע באשעפענישען
בָּצָל	א צוויבל
בֹּקֶר	פרימארגן
בַּקָּשָׁה	א געבעהטע
בָּרִיא	געזונט
בִּשְׁבִיל	פון וועגן, צוליב
בָּשָׂר	פלייש
בַּת	א טאכטער
בְּתוֹךְ	אינערווייניג, אין, אינמיטן
בְּתוּלָה	א מיידל

ג

גַּב	רוקן, פלייצע
גְּבוֹהַּ	הויעך
גִּבּוֹר שע	שטארק
גִּבּוֹר שת	א שטארקע
גְּבִינָה	קעז
גְּבִיר	א רייכער
גֶּבֶר	א מאן
גַּג	א דאך
גָּדוֹל שע	א גרויסע
גָּדוֹל שת	גרויס
גָּדֵר	א צוים
גּוֹלֶם	א שוטה
גּוּף	א קערפער
גּוּף רִאשׁוֹן	ערשטע פערזאן (first person)
גּוּף שְׁלִישִׁי	דריטע פערזאן (third person)
גּוּף שֵׁנִי	צווייטע פערזאן (second person)
גִּיס	א שוואגער
גַּן	א גארטן
גַּנָּב	א רויבער
גֶּפֶן	א וויינשטאק
גֶּשֶׁם	רעגן
גֶּשֶׁר	א בריק

ד

דְּאָגָה	א זארג
דֹּב	א בער
דְּבָרִים	רייד / זאכן
דְּבַשׁ	האניג
דָּג	א פיש
דֻּגְמָא	א ביישפיל
דּוֹד	א פעטער
דּוֹדָה	א מומע
דְּיוֹ	טינט
דִּין	א געזעץ
דִּירָה	א וואוינונג
דַּל שע	אן ארעמאן
דַּל שת	ארעם
דְּלִי	אן עמער (pail)
דֶּלֶת	א טיר
דָּמִים	בלוט / געלט
דֶּמַע	א טרער
דַּף	א בלאט / א ברעט
דַּק	דין, דאר
דֶּרֶךְ	א וועג
דְּרָשָׁה	א שיעור
דַּרְשָׁן	א פרעדיגער, א רעדנער
דֶּשֶׁא	גראז

ה

הוּא	ער
הֹוֶה	יעצטיגקייט
הוֹרִים	עלטערן
הַחְלָטָה	א באשלוס
הִיא	זי
הַיּוֹם	היינט
הֵם	זיי (זכר)
הֵן	זיי (נקבה)
הֶעָרָה	א באמערקונג
הַר	א בארג
הַרְבֵּה שָׁנִים	פיל יארן
הַרְגָּשָׁה	א געפיל
הַשְׁקָפָה	אן אויסקוק

ז

זְאֵב	א וואלף
זְבוּב	א פליג
זָהָב	גאלד
זְהִירוּת	פארזיכטיגקייט
זוּג	א פאר
זַיִת	אן איילבירט
זָכָר	א מאן'ס פערזאן, אן ער
זִכָּרוֹן	אן אנדענק, דערמאנונג
זְמַן	א צייט
זָקֵן שע	אן אלטע / א זיידע
זָקֵן שת	אלט
זָרִיז שת	פלינק
זְרִיזוּת שע	פלינקקייט

ח

חָבִיב	באליבט
חָבִית	א פאס
חֶבֶל	א שטריק
חָבֵר	א פריינט
חֶבְרָה	געזעלשאפט (society)
חַג	א יום טוב
חֲגוֹרָה	א גארטל
חַד	שארף
חֶדֶר	א צימער
חָדָשׁ	ניי
חֹדֶשׁ	א מאנאט
חוּט	א שטריק
חוֹטֵא	א זינדיגער
חוֹל	זאמד/א ברעג
חוֹלֶה	א קראנקע
חוּם	ברוין
חוֹמָה	א מויער
חוֹשֶׁךְ	רויקלקייט
חוֹתֵן	א שווער
חַזָּן	א זינגער
חָזָק	שטארק
חֵטְא	זינד
חִטָּה	ווייץ
חִידָה	א רעטעניש
חַיִּים	לעבן
חַיָּל	א סאלדאט
חָכָם שע	א קלוגע
חָכָם שת	קלוג
חָלָב	מילך/מילכיגס
חַלּוֹן	א פענסטער
חֵלֶק	א טייל
חָלָשׁ	שוואך
חֹם שע	ווארעמקייט, היץ
חַם שת	ווארעם, הייס
חֶמְאָה	פוטער
חָמוּץ	זויער
חֲמוֹר	אן אייזל
חֲנוּת	א געשעפט
חֲסִידָה	א בוישל, א מין פייגל
חֵפֶץ	א זאך
חֵץ	א פאל
חָצֵר	א הויף
חֹק	געזעץ
חֵרוּת	פרייהייט
חָרִיף	שארף
חֹרֶף	ווינטער
חֲשָׁשׁ	א זארג
חָתוּל	א קאץ
חֲתִיכָה	א שטיקל
חָתָן	אן איידעם / א חתן

ט

טֶבַע	נאטור
טַבַּעַת	א רינגל
טָהוֹר	לויטער
טוֹב	גוט
טַל	טוי
טָעוּת	א גרייז
טָעִים	באַ'טעמ'ט, tasty
טִפֵּשׁ שע	א נאר
טִפֵּשׁ שת	נאריש

י

יָד	א האנט
יָדִיד	א פריינט
יוֹם	א טאג
יוֹם חֲמִישִׁי	דאנערשטאג
יוֹם רִאשׁוֹן	זינטאג
יוֹם רְבִיעִי	מיטוואך
יוֹם שְׁלִישִׁי	דינסטאג
יוֹם שֵׁנִי	מאנטאג
יוֹם שִׁשִּׁי	פרייטאג
יוֹנָה	א טויב
יְוָנִי	א יונישע, פון יון
יוֹצֵא מִן הַכְּלָל	אן אויסנאם
יוֹשֵׁב פעל	זיצט
יוֹשֵׁב שע	אן איינוואוינער
יָחִיד	אן איינצעלנע (זכר)
יְחִידָה	אן איינצעלנע (נקבה)
יַיִן	וויין
יֶלֶד	א אינגל / קינד (זכר)
יַלְדָּה	א מיידל / קינד (נקבה)

מלון לשון הקודש◄אידיש

יָם	א וואסער
יַעַר	א וואלד
יָפֶה	שיין
יָקָר	טייער
יָרֵחַ	לְבָנָה
יֶרֶק	גרינצייג
יָרֹק	גרין
יְרָקוֹת	גרינצייגן
יָשָׁן	אלט

כ

כָּבֵד שת	שווער, אסאך וואג, (heavy)
כְּבֵדוּת שע	שווערקייט
כָּבוֹד	עהרע
כְּבָר	שוין
כַּדּוּר	א באל
כּוֹבַע	א הוט
כּוֹכָב	א שטערן
כּוֹס	א בעכער
כּוֹתֵב פעל	שרייבט
כּוֹתֵב שע	א שרייבער
כּוֹתֶל	א וואנט
כָּחֹל	בלוי
כִּיּוֹר	א sink
כִּינָּה	א לויז
כִּיס	א קעשענע, א טאש
כִּכָּר	א (גאנצע) ברויט
כָּל יוֹם	א גאנצע טאג
כֶּלֶב	א הונט
כְּלִי	געצייג
כְּלָלִי	אלגעמיין (general)
כַּמָּה שָׁנִים	פיל יארן
כְּמוֹ	אזוי ווי
כִּנּוֹר	א הארף
כִּסֵּא	א בענקל
כֶּסֶף	געלט / זילבער
כַּף	א לעפל / א האנט פלאך (palm)
כְּפָר	א דארף
כַּפְתּוֹר	א קנעפל
כִּתָּה	א קלאס / א גרופע
כֶּתֶר	א קרוין

ל

לְ...	צו.../פאר...
לֵב	א הארץ
לְבוּשׁ	קליידונג
לָבָן	ווייס
לָהּ	צו איר/פאר איר
לָהֶם	צו זיי/פאר זיי (ז)
לָהֶן	צו זיי/פאר זיי (נ)
לוֹ	צו אים/פאר אים
לוּחַ	א טאוול / א calendar
לְחִי	א באק
לֶחֶם	ברויט
לִי	צו מיר/פאר מיר
לַיְלָה	נאכט
לְךָ	צו דיר/פאר דיר (ז)
לָךְ	צו דיר/פאר דיר (נ)
לִכְלוּךְ	שמוץ
לָכֶם	צו אייך/פאר אייך (ז)
לָכֶן	צו אייך/פאר אייך (נ)
לִמּוּד	דאס לערנען
לָנוּ	צו אונז/פאר אונז
לִפְנֵי	פאר, פון פריער
לִפְנֵי צָהֳרַיִם	פארמיטאג
לִפְנֵי שְׁבוּעַיִם	צוויי וואכן צוריק
לָשׁוֹן	א צונג / א שפראך

מ

מִ...	פון...
מֹאזְנַיִם	א וואגשאל
מְאֻחָר	שפעט
מַאֲכָל	עסנווארג
מְבַשֵּׁל שע	א קעכער
מְבַשֵּׁל פעל	קאכט
מִגְבַּעַת	א הוט
מִגְדָּל	א טארעם
מַגִּיעַ	דערגרייכט
מַגָּל	א רונג
מְדִינָה	א לאנד (state/country)
מַדְרֵגָה	שטיג, שטאפל
מַדְרִיךְ	א וועגווייזער
מָה	וואס
מְהִירוּת	שנעלקייט
מֵהֶם	פון זיי (ז)
מֵהֶן	פון זיי (נ)
מוּבָן שע	באדייט
מוּבָן שת	פארשטענדליך
מוֹכֵר	א פארקויפער
מוּל	אנטקעגן
מוּסְמָכוֹת	פארצייכענטע
מוֹפֵת	א וואונדער
מוֹרֶה	א לערער
מוֹרָה	א לערערין
מוֹשֵׁל	א הערשער
מָוֶת שע	טויט
מַזְלֵג	א גאפל
מַחְבֶּרֶת	א העפט
מַחֲבַת	א פאן (pan)
מַחַט	א נאדל
מָחָר	מארגן
מַחֲשָׁבָה	א געדאנק
מִטְבָּח	א קאך
מִטָּה	א בעט
מִטְפַּחַת	א טאש טיך, טיכל
מִי	ווער
מְיֻחָד	ספעציעל
מַיִם	וואסער
מִין	א סארט
מִכֶּם	פון אייך (ז)
מִכֶּן	פון אייך (נ)
מִכְתָּב	א בריוו / א געשריבענע זאך
מְלָאכָה	ארבעט
מַלְבּוּשׁ	א קלייד
מִלָּה	א ווארט
מָלוּחַ	געזאלצן
מְלוּכָה	קעניגרייך
מְלוּכְלָךְ	שמוציג
מִלּוֹן	ווערטערבוך
מָלוֹן	א גאסטהויז
מֶלַח	זאלץ
מַלָּח	א מאטראז (sailor)
מִלְחָמָה	א קריג
מֶלֶךְ	א קעניג
מַלְכָּה	א קעניגן
מַלְכוּת	א קעניגרייך
מְלַמֶּדֶת	א געלערנטע (נקבה)
מָמוֹן	געלט
מִמְּךָ	פון דיר (ז)
מִמֵּךְ	פון דיר (נ)
מִמֶּנָּה	פון איר
מִמֶּנּוּ	פון אים
מִמֶּנִּי	פון מיר
מֶמְשָׁלָה	א רעגירונג
מִן	פון
מִנְהָג	אן אויפירונג
מִסְפָּר	א צאל
מִסְפָּרִים	נומערן

מְעִיל	א מאנטל
מַעֲלָה	א בענעפיט
מַעֲלָה פעל	ברענגט ארויף
מַעֲלָה שע	אן אויפהייב, א העכערונג
מַעֲמָד	א שטעלע, א פאזיציע
מְעָרָה	א הייל
מַפָּה	א טישטאך
מַפְתֵּחַ	א שליסל
מַצָּב	א צושטאנד, אן אומשטאנד
מִצְרִי	א מצרישע, פון מצרים
מְקַבֵּל הַפְּעוּלָּה	די זאך צו וואס די פעולה געשעהט
מֻקְדָּם	פרי
מָקוֹם	א פלאץ
מַקֵּל	א שטעקן
מַר	ביטער
מַרְאֶה	אן אויסזעהן
מַרְאָה	א שפיגל
מְרַגֵּל	א שפיאן
מַשָּׂא	אן עול
מֻשָּׂג	א באגריף (concept)
מַשְׁגִּיחַ	אן אויפזעער
מְשׁוֹרֵר	א זינגער
מָשָׁל	א ביישפיל
מְשַׁמֵּשׁ	א באדינער, א גבאי
מִשְׁפָּט	א זאץ / א דין
מַשְׁקָה	א געטראנק
מַתְאִים	צוגעפאסט, פאסיג
מָתוֹק	זיס
מָתַי	ווען
מַתְמִיד	א פלייסיגע
מִתְנַגֵּד	א קעגנער
מַתָּנָה	א געשאנק

נ

נָאֶה	שיין
נָבוֹן שת	א פארשטענדיגער, קלוגע
נֶגֶד	אנטקעגן
נָהָר	א טייך
נֶחְמָד	זיס, שיין, באַחנט'ט
נָחָשׁ	א שלאנג
נְיָר	א פאפיר
נֶכֶד	אן אייניקל
נָכוֹן	גערעכט
נָמוּךְ	נידעריג
נְמָלָה	א מאריטשקע
נַעַל	א שוך
נַעַר	א אינגל
נַעֲרָה	א מיידל
נָפָה	א זיפ
נֶפֶשׁ	א זעהל
נֶקֶב	א לאך
נְקֵבָה	א פרוי'ס פערזאן / א זי
נְקוּדָה	א פונקט, א פינטל, א וואקאל
נָקִי	ריין
נֵר	א ליכט
נָשִׁים	פרויען
נְשָׁמָה	א זעהל

ס

סָבִיב	ארום
סָבִיל	passive
סָגוּר	פארמאכט
סֵדֶר	ארדענונג
סַדְרָן	אן אנפירער, ארגאנעזירער, director
סוֹד	א secret
סוֹחֵר	א האנדלער
סוּס	א פערד
סוֹעֵר שת	שטורמיג
סוֹף	אן ענדע
סוֹף שָׁבוּעַ	די ענדע פון א וואך
סוֹפֵר	א שרייבער
סְחוֹרָה	merchandise
סִיּוּם	אן ענדע
סִימָן	א צייכן
סִיר	א טאפ
סַכִּין	א מעסער
סַל	א קארב (basket)
סַנְדְּלָר	א שוסטער
סְעוּדָה	א מאלצייט
סַעַר שע	א שטורעם
סִפּוּר	א מעשה, א דערציילונג
סַפְסָל	א באנק
סֵפֶר	א בוך
סְתָו	הערבסט

ע

עֶבֶד	א קנעכט
עֲבוֹדָה	ארבעט
עָבָר	די פארגאנגענהייט
עֲבֵרָה	זינד
עֵגֶל	א קעלבל (זכר)
עָגֹל	רונדעכיג
עֲגָלָה	א וואגן
עֶגְלָה	א קעלבל (נקבה)
עַד	ביז
עוּגָה	א קיכן
עוֹזֵר	א העלפער
עוֹלָם	א וועלט
עָוֹן	א זינד
עוֹף	א פייגל
עוֹר	הויט
עַזּוּת	דרייסט, חוצפה
עֵט	א בליי
עַיִן	אן אויג
עָיֵף	מיד
עִיר	א שטאט
עַכְשָׁיו	יעצט
עַל	אויף
עַל יַד	נעבן (דורך)
עַל יְדֵי	דורך
עָלֶה	א בלעטל
עֲלִיָּה	אן ארויפגאנג / א בוידעם
עָלִיז	פריילּיך
עִם	מיט
עַם הָאָרֶץ	אן אומבאלערנטע
עַמּוּד	א זייל / א זייט פון א בלאט (page)
עֲמָלֵקִי	אן עמלקישע, פון עמלק
עֵמֶק	א טאל
עֵנָב	א טרויב
עָנִי	אן ארעמאן
עִנְיַן הַבִּנְיָן	דער ענין פון די בנינים אין לשון הקודש
עָנָן	א וואלקן
עָנָף	א צווייג
עִסּוּק	א באשעפטיגונג
עֵסֶק	א געשעפט (deal/business)
עָפָר	שטויב / ערד
עֵץ	א בוים / האלץ
עַצְבוּת שע	טרויער
עָצוּב שת	טרויעריג
עָצֵל שע	א פוילע
עָצֵל שת	פויל
עֶצֶם	א ביין
עַצְמוֹ	אים אליין
עֶרֶב	אווענט, פארנאכטס
עֲרִיסָה	א בעטל (crib)
עֵשֶׂב	גראז
עָשִׁיר שע	א רייכער
עָשִׁיר שת	רייך

מלון לשון הקודש◄אידיש

עֲשִׁירוּת שע	רייכקייט
עָתִיד	צוקונפט

פ

פֶּה	א מויל
פּוֹעֵל, פּוֹעֲלִים	אן ארבעטער, ארבעטערס
פַּח	א קריגל
פַּטִּישׁ	א האמער
פִּיּוּט	א poem
פִּנָּה	א ווינקל
פְּנִינָה	א פערל
פְּסֹלֶת	אפפאל (waste)
פְּסִיעָה	א טריט
פְּעוּלָּה	אן action
פָּעִיל	active
פֹּעַל, פְּעָלִים	א verb, verbs
פַּעַם	א מאל
פַּעֲמוֹן	א גלאק, גלעקל
פַּר	אן אקס
פָּרָה	א קוה
פֶּרַח	א בלום
פְּרָטִי	ספעסיפיש, געוויסע, (specific)
פְּרִי	א פרוכט
פָּרִיץ	א האר (lord)
פֶּרֶק	א חלק, א קַפִּיטְל
פַּת	ברויט
פָּתוּחַ	אפען

צ

צֹאן	שאף
צָבָא	אן ארמיי
צֶבַע	א קאליר
צַד	א זייט
צָהֹב	געהל
צָהֳרַיִם	אינדערפרי
צַוָּאר	א האלז
צִוּוּי	א באפעהל
צוּרָה	א געשטאלט, א פארעם
צִיּוּר שע	א מאלעריי
צַיָּר שע	א מאלער
צֶמַח	א געוויקס
צֶמֶר	וואל
צָעִיף	א שלייער
צָעִיר	יונג
צִפּוֹר	א פייגל
צְפַרְדֵּעַ	א פראש
צַר	ענג
צָרָה	אן ענגשאפט

ק

קָדוֹשׁ	הייליג / אפגעשיידט
קְדֵרָה	א טאפ
קְהִילָּה	א געמיינדע, א פארזאמלונג
קוֹל	א שטימע / א קלאנג (rumor/sound)
קוֹנֶה	א קויפער
קוֹף	א מאלפע
קוֹץ	א דארן
קוֹשִׁי	שוועריגקייט
קָטָן שת	קליין
קָטָן שע	א קליינע
קַיִץ	זומער
קִיר	א וואנט
קֶמַח	מעהל
קְעָרָה	א טעלער
קָצָר	קורץ
קֹר שע	קעלט
קַר שת	קאלט
קָרוֹב	נאנט
קָרוּעַ	צוריסן
קָשֶׁה	שווער, הארט
קֶשֶׁת	א בויגן

ר

רֹאשׁ	א קאפ
רִאשׁוֹן	ערשט
רַב שת	פיל
רַבּוֹת	פיל נקבות
רַבִּים	פיל זכרים
רֶגֶל	א פוס
רוּחַ	א ווינט
רוֹמִי	א רוימישע, פון רוים
רוֹעֶה	א פאסטיכער
רוֹפֵא פעל	היילט
רוֹפֵא שע	א דאקטער
רוֹצֵחַ	א מערדער
רָחָב	ברייט
רְחוֹב	א גאס
רָחוֹק	ווייט
רֵיחַ	א שמעק
רַךְ	ווייעך
רֶכֶב	א רייטוואגן
רַע שע	שלעכטס
רַע שת	שלעכט
רָעָב שע	א הונגער
רָעֵב שת	הונגעריג
רַעַם	א דינער
רְפוּאָה	א היילונג
רִצְפָּה	א פאדלאגע (floor)
רִקּוּד	א טאנץ

ש

שְׁאֵלָה	א פראגע
שְׁאָר שת	איבעריגע
שְׁאֵרִית שע	די איבערגעבליבענע
שָׁבוּעַ	א וואך
שָׁבוּר	צובראכן
שִׁבֹּלֶת	א זאנג (ear of corn)
שָׂבֵעַ	זאט
שְׁגִיאָה	א גרייז, טָעוּת
שָׂדֶה	א פעלד
שֶׂה	א שעפעלע
שׁוֹבָב שע	א ווילדער
שׁוֹבָב שת	ווילד
שׁוֹמֵר	א היטער, א וועכטער
שׂוֹנֵא	א פיינט
שׁוֹפֵט	א ריכטער
שׁוֹשַׁנָּה	א רויז
שָׁחֹר	שווארץ
שִׁיר	א פיוט, א געזאנג
שֶׁל	וואס געהערט צו
שֶׁלֶג	שניי
שֶׁלָּהּ	וואס געהערט צו איר
שֶׁלָּהֶם	וואס געהערט צו זיי (ז)
שֶׁלּוֹ	וואס געהערט צו אים
שָׁלוֹם	פרידן
שֻׁלְחָן	א טיש
שֶׁלִּי	וואס געהערט צו מיר
שֶׁלְּךָ	וואס געהערט צו דיר (ז)
שֶׁלָּךְ	וואס געהערט צו דיר (נ)
שֶׁלָּכֶם	וואס געהערט צו אייך (ז)
שֶׁלָּכֶן	וואס געהערט צו אייך (נ)
שָׁלֵם	גאנץ
שֶׁלָּנוּ	וואס געהערט צו אונז
שֵׁם	א נאמען
שֵׁם גּוּף	א pronoun
שֵׁם מָקוֹם	א נאמען פון א פלאץ
שֵׁם עֶצֶם	א זאך (א מענטש, זאך, פלאץ)
שֵׁם תֹּאַר	אן adjective

שָׂמֵחַ	פרייליך
שִׂמְחָה	פרייד
שָׁמַיִם	דאס הימל
שִׂמְלָה	א קלייד
שֶׁמֶן	אויל
שֶׁמֶשׁ	די זון
שֵׁן	א צאן
שָׁנָה	א יאר
שָׁנָה הַבָּאָה	דאס קומענדיגע יאר
שָׁנָה הַזֹּאת	דאס יאר
שָׁנָה שֶׁעָבְרָה	א פארגאנגענע יאר
שִׁעוּר	א לעקציע / א צאל
שֵׂעָר	האר
שַׁעַר	א טויער
שִׁפְחָה	א דינסט
שְׂפָתַיִם	ליפן
שַׂק	א זאק
שֶׁקֶל	א מטבע
שַׂר	א האר
שַׂר צָבָא	א גענעראל
שָׂרָה	א האר'טע
שֹׁרֶשׁ	א מקור / א ווארצל
שְׁתִיָּה	א געטראנק

ת

תְּאֵנָה	א פייג
תְּבוּאָה	ווייץ
תְּבָלִין	א געווירץ (spice)
תּוֹלַעַת	א ווארעם
תּוֹפֵר	א שניידער
תּוֹשָׁב	אן איינוואוינער
תַּחַת	אונטען
תִּינוֹק	א קליין קינד
תְּכוּנָה	אייגנקייט, מהות, characteristic
תַּכְשִׁיט	צירונג
תַּלְמִיד	א סטודענט
תְּמוּנָה	א בילד
תָּמִיד	שטענדיג
תָּמִים	גאנץ
תְּמִימוּת	גאנצקייט
תְּנַאי	אן אויסנעמעניש, א באדינג
תַּנּוּר	אן אויוון
תְּעוּדָה	א certificate
תַּפּוּחַ	אן עפל
תְּקוּפָה	א שטיק צייט (era)
תְּשׁוּבָה	אן ענטפער / תְּשׁוּבָה

מלון אידיש◄לשון הקודש

א

אווענט	עֶרֶב
אויג	עַיִן
אויוון	תַּנּוּר
אויל	שֶׁמֶן
אויסזעהן	מַרְאֶה
אויסנאם	יוֹצֵא מִן הַכְּלָל
אויסנעמעניש	תְּנַאי
אויסקוק	הַשְׁקָפָה
אויער	אֹזֶן
אויף	עַל
אויפהייב	מַעֲלֶה
אויפזעער	מַשְׁגִּיחַ
אויפירונג	מִנְהָג
אומבאלערנטע	עַם הָאָרֶץ
אומשטאנד	מַצָּב
אונז	אוֹתָנוּ
אונטען	תַּחַת
אות וואס באדינט אווארט	אוֹת שִׁימּוּשׁ
אזוי ווי	כְּמוֹ
איבערגעבליבענע	שְׁאֵרִית
איבעריגע	שְׁאָר
איי	בֵּיצָה
אייגנטימער	בַּעַל
אייגנקייט	תְּכוּנָה
איידעם	חָתָן
אייזל	חֲמוֹר (ז), אָתוֹן (נ)
אייך	אֶתְכֶם (ז), אֶתְכֶן (נ)
איילבירט	זַיִת
איינוואוינער	יוֹשֵׁב
איינוואוינער	תּוֹשָׁב
אייניקל	נֶכֶד
איינצעלנע	יָחִיד (ז), יְחִידָה (נ)
איך	אֲנִי
אים	אוֹתוֹ
אים אליין	עַצְמוֹ
אין	בְּתוֹךְ, בְּ...
אין אונז	בָּנוּ
אין אייך	בָּכֶם (ז), בָּכֶן (נ)
אין אים	בּוֹ
אין איר	בָּהּ
אין דיר	בְּךָ (ז), בָּךְ (נ)
אין זיי	בָּהֶם (ז), בָּהֶן (נ)
אין מיר	בִּי
אינגל	נַעַר
אינגל (זכר)	יֶלֶד
אינדערפרי	צָהֳרַיִם
אינמיטן	בְּתוֹךְ
אינערוויניג	בְּתוֹךְ
אינצווישן	בֵּין
איר	אוֹתָהּ
איר	אַתֶּם (ז), אַתֶּן (נ)
אלגעמיין	כְּלָלִי
אלט	זָקֵן, יָשָׁן
אלטע	זָקֵן
אנדענק	זִכָּרוֹן
אנדערע	אַחֵר
אנטקעגן	מוּל, נֶגֶד
אנפירער	סַדְרָן
אסאך וואג	כָּבֵד
אפגעשיידט	קָדוֹשׁ
אפען	פָּתוּחַ
אפפאל	פְּסוֹלֶת
אקס	פַּר
ארבעט	מְלָאכָה, עֲבוֹדָה
ארבעטער	פּוֹעֵל
ארבעטערס	פּוֹעֲלִים
ארגאנעזירער	סַדְרָן
ארדענונג	סֵדֶר
ארויפגאנג	עֲלִיָּה
ארום	סָבִיב
ארמיי	צָבָא
ארעם	דַּל
ארעמאן	דַּל, עָנִי

ב

באגריף	מֻשָּׂג
באדייט	מוּבָן
באדינג	תְּנַאי
באדינער	מְשַׁמֵּשׁ
בא'חנ'ט	נֶחְמָד
בא'טעמ'ט	טְעִים
באל	כַּדּוּר
באליבט	חָבִיב
באמערקונג	הֶעָרָה
באנק	סַפְסָל
באפעהל	צִוּוּי
באק	לֶחִי
באקט	אוֹפֶה פעל
בארג	הַר
באשלוס	הַחְלָטָה
באשעפטיגונג	עִסּוּק
בבלישע, פון בבל	בַּבְלִי
בויגן	קֶשֶׁת
בוידעם	עֲלִיָּה
בויך	בֶּטֶן
בוים	עֵץ
בוישל (א מין פייגל)	חֲסִידָה
בוך	סֵפֶר
ביז	עַד
ביטער	מַר
ביין	עֶצֶם
ביישפיל	מָשָׁל, דֻּגְמָא
בילד	תְּמוּנָה
בלאט	דַּף
בלוט	דָּמִים
בלוי	כָּחֹל
בלום	פֶּרַח
בליי	עֵט
בלעטל	עָלֶה
בעט	מִטָּה
בעטל	עֲרִיסָה
בעכער	כּוֹס
בענעפיט	מַעֲלָה
בענקל	כִּסֵּא
בעקער	אוֹפֶה
בעקערן	אוֹפָה
בער	דֹּב
ברודער	אָח
ברויט	לֶחֶם, פַּת
ברויט (loaf)	כִּכָּר
ברוין	חוּם
ברונעם	בְּאֵר
בריוו	מִכְתָּב
ברייט	רָחָב
בריק	גֶּשֶׁר
ברעג	חוֹל
ברעט	דַּף

ג

גאלד	זָהָב
גאנץ	שָׁלֵם, תָּמִים
גאנצע טאג	כָּל יוֹם
גאנצקייט	תְּמִימוּת
גאס	רְחוֹב
גאסט	אוֹרֵחַ
גאסטהויז	מָלוֹן
גאפל	מַזְלֵג
גארטל	חֲגוֹרָה
גארטן	גַּן
גבאי	מְשַׁמֵּשׁ
גוט	טוֹב
גלאק, גלעקל	פַּעֲמוֹן
גלידער	אֵיבָרִים
געביידע	בִּנְיָן
געבעהט	בַּקָּשָׁה
געדאנק	מַחֲשָׁבָה

מלון אידיש ◀ לשון הקודש

געהל	צָהֹב
געווויסע	פְּרָטִי
געוויקס	צֶמַח
געווירץ	תַּבְלִין
געזאלצן	מָלוּחַ
געזאנג	שִׁיר
געזונט	בָּרִיא
געזעלשאפט	חֶבְרָה
געזעץ	דִּין
געזעץ	חֹק
געטראנק	מַשְׁקֶה, שְׁתִיָּה
געלט	דָּמִים
געלט	מָמוֹן, כֶּסֶף
געלערנטע	מְלֻמֶּדֶת
געמיינדע	קְהִילָּה
גענעראל	שַׂר צָבָא
געפיל	הַרְגָּשָׁה
געצייג	כֵּלִי
גערעכט	נָכוֹן
געשאנק	מַתָּנָה
געשטאלט	צוּרָה
געשעפט	חֲנוּת (store)
געשעפט	עֵסֶק (business/deal)
געשריבענע זאך	מִכְתָּב
גראז	דֶּשֶׁא, עֵשֶׂב
גרויס	גָּדוֹל
גרויסע	גָּדוֹל
גרופע	כִּתָּה
גרייז	טָעוּת, שְׁגִיאָה
גרין	יָרֹק
גרינצייג	יֶרֶק

ד

דאך	גַּג
דאנערשטאג	יוֹם חֲמִישִׁי
דאקטער	רוֹפֵא
דאר	דַּק
דארן	קוֹץ
דארף	כְּפָר
דו	אַתָּה (ז), אַתְּ (נ)
דורך	עַל יְדֵי
דין	דַּק
דינסט	שִׁפְחָה
דינסטאג	יוֹם שְׁלִישִׁי
דינער	רַעַם
דיר	אוֹתְךָ (ז), אוֹתָךְ (נ)
דערגרייכט	מַגִּיעַ
דערמאנונג	זִכָּרוֹן
דערציילונג	סִפּוּר
דריטע פערזאן	גוּף שְׁלִישִׁי
דרייסט	עַזּוּת

ה

האלז	צַוָּאר
האלץ	עֵץ
האמער	פַּטִּישׁ
האנדלער	סוֹחֵר
האנט	יָד
האנט פלאך	כַּף
האניג	דְּבַשׁ
האר	שַׂר
האר	שֵׂעָר
האר	פָּרִיץ
הארט	קָשֶׁה
האר'טע	שָׂרָה
הארף	כִּנּוֹר
הארץ	לֵב
הוט	כּוֹבַע, מִגְבַּעַת
הויז	בַּיִת
הויט	עוֹר
הויעך	גָּבוֹהַּ
הויף	חָצֵר
הונגער	רָעָב
הונגעריג	רָעֵב
הונט	כֶּלֶב
היטער	שׁוֹמֵר
הייל	מְעָרָה
היילונג	רְפוּאָה
היילט	רוֹפֵא פעל
הייליג	קָדוֹשׁ
היינט	הַיּוֹם
הייס	חַם
הימל	שָׁמַיִם
היץ	חֹם
העכערונג	מַעֲלָה
העלפער	עוֹזֵר
העפט	מַחְבֶּרֶת
הערבסט	סְתָו
הערשער	מוֹשֵׁל

ו

וואגן	עֲגָלָה
וואגשאל	מֹאזְנַיִם
וואוינונג	דִּירָה
וואונדער	מוֹפֵת
וואך	שָׁבוּעַ
וואל	צֶמֶר
וואלד	יַעַר
וואלף	זְאֵב
וואלקן	עָנָן
וואנט	כֹּתֶל, קִיר
וואס	מַה
וואס געהערט צו	שֶׁל
וואס געהערט צו אונז	שֶׁלָּנוּ
וואס געהערט צו אייך	שֶׁלָּכֶם (ז), שֶׁלָּכֶן (נ)
וואס געהערט צו אים	שֶׁלּוֹ
וואס געהערט צו איר	שֶׁלָּהּ
וואס געהערט צו דיר	שֶׁלְּךָ (ז), שֶׁלָּךְ (נ)
וואס געהערט צו זיי	שֶׁלָּהֶם (ז), שֶׁלָּהֶן (נ)
וואס געהערט צו מיר	שֶׁלִּי
וואסער	יָם, מַיִם
וואקאל	נְקוּדָּה
ווארט	מִלָּה
ווארעם	תּוֹלַעַת
ווארעם	חַם
ווארעמקייט	חֹם
ווארצל	שֹׁרֶשׁ
וויאזוי	אֵיךְ
ווייט	רָחוֹק
וויין	יַיִן
וויינשטאק	גֶּפֶן
ווייס	לָבָן
ווייעך	רַךְ
ווייץ	חִטָּה, תְּבוּאָה
ווילד	שׁוֹבָב
ווילדער	שׁוֹבָב
ווינט	רוּחַ
ווינטער	חֹרֶף
ווינקל	פִּנָּה
וועג	דֶּרֶךְ
וועגווייזער	מַדְרִיךְ
וועכטער	שׁוֹמֵר
וועלט	עוֹלָם
וועלכע	אֵיזֶה
ווען	מָתַי
ווער	מִי
ווערטערבוך	מִלּוֹן

ז

זאט	שָׂבֵעַ
זאך	חֵפֶץ, דָּבָר
זאך (א מענטש, זאך, פלאץ)	שֵׁם עֶצֶם
זאך צו וואס די פעולה געשעהט	מְקַבֵּל הַפְּעוּלָה
זאל	אוּלָם
זאלץ	מֶלַח
זאמד	חוֹל
זאנג	שִׁבֹּלֶת

מלון אידיש ◄ לשון הקודש

אידיש	לשון הקודש
זאץ	מִשְׁפָּט
זאק	שַׂק
זארג	דְּאָגָה, חֲשָׁשׁ
זוהן	בֵּן
זויער	חָמוּץ
זומער	קַיִץ
זון	שֶׁמֶשׁ
זי	הִיא
זיי	אוֹתָם (ז), אוֹתָן (נ)
זיי	הֵם (ז), הֵן (נ)
זיידע	זָקֵן
זייט	צַד
זייט פון א בלאט	עַמוּד
זייל	עַמוּד
זילבער	כֶּסֶף
זין	בָּנִים
זינגער	חַזָּן, מְשׁוֹרֵר
זינד	עָוֹן, חֵטְא, עֲבֵרָה
זינדיגער	חוֹטֵא
זינטאג	יוֹם רִאשׁוֹן
זיס	מָתוֹק, נֶחְמָד
זיפ	נָפָה
זיצט	יוֹשֵׁב
זעהל	נֶפֶשׁ, נְשָׁמָה
ח	
חוצפה	עַזּוּת
חלק	פֶּרֶק
ט	
טאג	יוֹם
טאוול	לוּחַ
טאטע	אָב
טאכטער	בַּת
טאל	עֵמֶק
טאנץ	רִקּוּד
טאפ	סִיר, קְדֵרָה
טארעם	מִגְדָּל
טאש	כִּיס
טאש טיך	מִטְפַּחַת
טוי	טַל
טויב	יוֹנָה
טויזענט	אֶלֶף
טויט	מָוֶת
טויער	שַׁעַר
טייך	נָהָר
טייל	חֵלֶק
טייער	יָקָר
טיכל	מִטְפַּחַת
טינט	דְּיוֹ
טינקלקייט	חוֹשֶׁךְ
טיר	דֶּלֶת
טיש	שֻׁלְחָן
טישטאך	מַפָּה
טעלער	קְעָרָה
טרויב	עֵנָב
טרויער	עֲצָבוּת
טרועריג	עָצוּב
טרית	פְּסִיעָה
טרער	דֶּמַע
י	
יאר	שָׁנָה
יום טוב	חָג
יונג	בָּחוּר
יונג	צָעִיר
יוני	יֶנִי
יונישע, פון יון	
יעצט	עַכְשָׁיו
יעצטיגקייט	הֹוֶה
ל	
לאך	נֶקֶב
לאנג	אָרֹךְ
לאנד	אֶרֶץ (earth/country)
לאנד	מְדִינָה (state/country)
לבנה	יָרֵחַ
לויז	כִּנָּה
לויטער	טָהוֹר
לופט	אֲוִיר
ליבשאפט	אַהֲבָה
לייב	אֲרִי
ליכט	נֵר
ליכטיגקייט	אוֹר
ליפן	שְׂפָתַיִם
לעבן	חַיִּים
לעבעדיגע באשעפענישען	בַּעֲלֵי חַיִּים
לעפל	כַּף
לעקציע	שָׁעוּר
לערנען	לָמֵד
לערער	מוֹרֶה
לערערין	מוֹרָה
מ	
מאטראז	מַלָּח
א קאל	פַּעַם
מאלער	צַיָּר
מאלעריי	צִיּוּר
מאלפע	קוֹף
מאלצייט	סְעוּדָה
מאמע	אֵם
מאן	בַּעַל, אִישׁ, גֶּבֶר
מאנאט	חֹדֶשׁ
מאנטאג	יוֹם שֵׁנִי
מאנטל	אַדֶּרֶת, מְעִיל
מאן'ס פערזאן, אן ער	זָכָר
מארגן	מָחָר
מאריטשקע	נְמָלָה
מויל	פֶּה
מויער	חוֹמָה
מומע	דּוֹדָה
מטבע	שֶׁקֶל
מיד	עָיֵף
מיט	בְּ..., עִם
מיטוואך	יוֹם רְבִיעִי
מיידל	בְּתוּלָה, נַעֲרָה, יַלְדָּה
מילך	חָלָב
מילכיגס	חָלָב
מיר	אֲנַחְנוּ
מיר	אוֹתִי
מעהל	קֶמַח
מענטש	אָדָם
מענטשן	אֲנָשִׁים
מענער	אֲנָשִׁים
מעסער	סַכִּין
מערדער	רוֹצֵחַ
מעשה	סִפּוּר
מצרישע, פון מצרים	מִצְרִי
מקור	שֹׁרֶשׁ
נ	
נאדל	מַחַט
נאז	אַף
נאטור	טֶבַע
נאך (דערנאך / וויטער)	אַחַר, אַחֲרֵי
נאכט	לַיְלָה
נאכמיטאג	אַחֲרֵי צָהֳרַיִם
נאמען	שֵׁם
נאמען פון א פלאץ	שֵׁם מָקוֹם
נאנט	קָרוֹב
נאר	טִפֵּשׁ
נאריש	טִפֵּשׁ
נומערין	מִסְפָּרִים
נידעריג	נָמוּךְ
ניי	חָדָשׁ
נעבן	אֵצֶל
נעבן (דורך)	עַל יַד
נעכטן	אֶתְמוֹל

מלון אידיש ◀ לשון הקודש

ס

אידיש	לשון הקודש
סאלדאט	חַיָל
סארט	מִין
סטודענט	תַּלְמִיד
סיי	בֵּין
ספעסיפיש	פְּרָטִי
ספעציעל	מְיֻחָד

ע

אידיש	לשון הקודש
עהרע	כָּבוֹד
עול	מַשָׂא
עלטסטע	בְּכוֹר
עלטערן	הוֹרִים
עמלקישע, פון עמלק	עֲמָלֵקִי
עמער	דְּלִי
ענג	צַר
ענגשאפט	צָרָה
ענדע	סוֹף, סִיּוּם
ענדע פון א וואך	סוֹף שָׁבוּעַ
ענטפער	תְּשׁוּבָה
עסן	אֹכֶל
עסנוואַרג	מַאֲכָל
עפל	תַּפּוּחַ
ער	הוּא
ערד	אֲדָמָה, עָפָר
ערשט	רִאשׁוֹן
ערשטע פערזאן	גוּף רִאשׁוֹן

פ

אידיש	לשון הקודש
פאדלאגע	רִצְפָּה
פאזיציע	מַעֲמָד
פאל	חֵץ
פאלק	אוּמָה
פאן	מַחֲבַת
פאס	חָבִית
פאסטיכער	רוֹעֶה
פאסיג	מַתְאִים
פאפיר	נְיָר
פאר	זוּג, לִפְנֵי
פאר אייך	לָכֶם (ז), לָכֶן (נ)
פאר אים	לוֹ
פאר איר	לָה
פאר דיר	לְךָ (ז), לָךְ (נ)
פאר זיי	לָהֶם (ז), לָהֶן (נ)
פאר מיר	לִי
פאר...	לְ...
פאראנגנגענהייט	עָבַר
פאראנגענע יאר	שָׁנָה שֶׁעָבְרָה
פארהער	בְּחִינָה
פארזיכטיגקייט	זהירות
פארמאכט	סָגוּר
פארמיטאג	לִפְנֵי צָהֳרַיִם
פארנאכטס	עֶרֶב
פארעם	צוּרָה
פארצייכענטע	מוּסְמָנוֹת
פארקויפער	מוֹכֵר
פארשטענדיגער	נָבוֹן
פארשטענדליך	מוּבָן
פוטער	חֶמְאָה
פויל	עָצֵל
פולע	עָצֵל
פויער	אִכָּר
פון	מִן/מֵ...
פון אייך	מִכֶּם (ז), מִכֶּן (נ)
פון אים	מִמֶּנּוּ
פון איר	מִמֶּנָּה
פון דיר	מִמְּךָ (ז), מִמֵּךְ (נ)
פון וועגן, צוליב	בִּשְׁבִיל
פון זיי	מֵהֶם (ז), מֵהֶן (נ)
פון מיר	מִמֶּנִּי
פון פריער	לְפָנֵי
פונקט	נְקֻדָּה
פוס	רֶגֶל
פיט	שִׁיר
פייג	תְּאֵנָה
פייגל	עוֹף, צִפּוֹר
פיינט	אוֹיֵב, שׂוֹנֵא
פייעו	אֵשׁ
פיל	רַב
פיל זכרים	רַבִּים
פיל יארן	הַרְבֵּה שָׁנִים, כַּמָּה שָׁנִים
פיל נקבות	רַבּוֹת
פינגער	אֶצְבַּע
פינטל	נְקֻדָּה
פיש	דָּג
פלאץ	מָקוֹם
פליג	זְבוּב
ענוטיגע	מַתְמִיד
פלייצע	גַּב
פלייש	בָּשָׂר
פלינק	זָרִיז
פלינקקייט	זְרִיזוּת
פעטער	דּוֹד
פעלד	שָׂדֶה
פענסטער	חַלּוֹן
פערד	סוּס
פערל	פְּנִינָה
פראגע	שְׁאֵלָה
פראש	צְפַרְדֵּעַ
פרוי	אִשָּׁה
פרויס פערזאן / א זי	נְקֵבָה
פרויען	נָשִׁים
פרוכט	פְּרִי
פרי	מֻקְדָּם
פרידן	שָׁלוֹם
פרייד	שִׂמְחָה
פרייהייט	חֵרוּת
פרייטאג	יוֹם שִׁשִׁי
פרייליך	עָלִיז, שָׂמֵחַ
פריינט	יָדִיד, חָבֵר
פרילינג	אָבִיב
פרימארגן	בֹּקֶר
פרעדיגער	דַּרְשָׁן

צ

אידיש	לשון הקודש
צאל	מִסְפָּר
צאן	שֵׁן
צו	אֶל/לְ...
צו אונז	אֵלֵינוּ, לָנוּ
צו אייך	אֲלֵיכֶם (ז), אֲלֵיכֶן (נ)
צו אייך	לָכֶם (ז), לָכֶן (נ)
צו אים	אֵלָיו, לוֹ
צו איר	אֵלֶיהָ, לָה
צו דיר	אֵלֶיךָ (ז), אֵלַיִךְ (נ)
צו דיר	לְךָ (ז), לָךְ (נ)
צו זיי	אֲלֵיהֶם (ז), אֲלֵיהֶן (נ)
צו זיי	לָהֶם (ז), לָהֶן (נ)
צו מיר	אֵלַי, לִי
צובראכן	שָׁבוּר
צוגעפאסט	מַתְאִים
צוויבל	בְּצָל
צווייי וואכן צוריק	לִפְנֵי שְׁבוּעַיִם
צווייג	עָנָף
צווייטע פערזאן	גּוּף שֵׁנִי
צוים	גָּדֵר
צוליב	בְּעַד
צונג	לָשׁוֹן
צוקונפט	עָתִיד
צוריסן	קָרוּעַ
צושטאנד	מַצָּב
צייט	זְמַן
צייכן	אוֹת, סִימָן
צימער	חֶדֶר
צירונג	תַּכְשִׁיט

ק

אידיש	לשון הקודש
קאטעגאריע	בְּחִינָה
קאך	מִטְבָּח

עניןהבנין

מלון אידיש ◄ לשון הקודש

אידיש	לשון הקודש
קאכט	מְבַשֵּׁל פעל
קאלט	קַר
קאליר	צֶבַע
קאסטן	אָרוֹן
קאפ	רֹאשׁ
קאץ	חָתוּל
קארב	סַל
קוה	פָּרָה
קויפער	קוֹנֶה
קומענדיגע יאר	שָׁנָה הַבָּאָה
קורץ	קָצָר
קיכן	עוּגָה
קינד (זכר)	יֶלֶד (ז), יַלְדָּה (נ)
קינדער	בָּנִים
קלאנג	קוֹל
קלאס	כִּתָּה
קלוג	חָכָם
קלוגע	חָכָם, נָבוֹן
קלייד	מַלְבּוּשׁ, שִׂמְלָה
קליידונג	בֶּגֶד, לְבוּשׁ
קליין	קָטָן
קליין קינד	תִּינוֹק
קליינע	קָטָן
קנעכט	עֶבֶד
קנעפל	כַּפְתּוֹר
קעגנגער	מִתְנַגֵּד
קעז	גְּבִינָה
קעכער	מְבַשֵּׁל
קעלבל	עֵגֶל (ז), עֶגְלָה (נ)
קעלט	קֹר
קעניג	מֶלֶךְ
קעניגן	מַלְכָּה
קעניגרייך	מַלְכוּת, מְלוּכָה
קערפער	גּוּף
קעשענע	כִּיס
קאפיטל	פֶּרֶק
קראנקע	חוֹלֶה
קרוין	כֶּתֶר
קריג	מִלְחָמָה
קריגל	פַּח

ר

אידיש	לשון הקודש
רויבער	גַּנָּב
רויז	שׁוֹשַׁנָּה
רויט	אָדֹם
רוימישע, פון רוים	רוֹמִי
רונג	מַגָּל
רונדעכיג	עָגֹל
רוקן	גַּב
רייד	דְּבָרִים

אידיש	לשון הקודש
רייטוואגן	רֶכֶב
רייך	עָשִׁיר
רייכער	גְּבִיר, עָשִׁיר
רייכקייט	עֲשִׁירוּת
ריין	נָקִי
ריכטער	שׁוֹפֵט
רינגל	טַבַּעַת
רעגירונג	מֶמְשָׁלָה
רעגן	גֶּשֶׁם
רעדנער	דַּרְשָׁן
רעטעניש	חִידָה

ש

אידיש	לשון הקודש
שאנק	אָרוֹן
שאף	צֹאן
שארף	חַד, חָרִיף
שוואגער	גִּיס
שוואך	חַלָּשׁ
שווארץ	שָׁחֹר
שוועסטער	אָחוֹת
שווער	חוֹתֵן
שווער	קָשֶׁה (difficult)
שווער	כָּבֵד (heavy)
שוועריגקייט	קוֹשִׁי
שוועריקייט	כְּבֵדוּת
שוטה	גּוֹלֶם
שוין	כְּבָר
שוך	נַעַל
שולע	בֵּית הַסֵּפֶר
שוסטער	סַנְדְּלָר
שטאט	עִיר
שטאפל	מַדְרֵגָה
שטארקע	גִּבּוֹר
שטארק	גִּבּוֹר, חָזָק
שטויב	אָבָק, עָפָר
שטורמיג	סוֹעֵר
שטורעם	סַעַר
שטיג	מַדְרֵגָה
שטיין	אֶבֶן
שטימע	קוֹל
שטיק צייט	תְּקוּפָה
שטיקל	חֲתִיכָה
שטעלע	מַעֲמָד
שטענדיג	תָּמִיד
שטעקן	מַקֵּל
שטערן	כּוֹכָב
שטריק	חֶבֶל, חוּט
שיין	נֶחְמָד, יָפֶה, נָאֶה
שלאנג	נָחָשׁ
שלייער	צָעִיף

אידיש	לשון הקודש
שליסל	מַפְתֵּחַ
שלעכט	רַע
שלעכטס	רַע
שמוץ	לִכְלוּךְ
שמוציג	מְלוּכְלָךְ
שמעק	רֵיחַ
שניי	שֶׁלֶג
שניידער	תּוֹפֵר
שנעלקייט	מְהִירוּת
שעפעלע	שֶׂה
שפיאן	מְרַגֵּל
שפיגל	מַרְאָה
שפעט	מְאֻחָר
שפראך	לָשׁוֹן
שרייבט	כּוֹתֵב פעל
שרייבער	כּוֹתֵב, סוֹפֵר
שרעק	אֵימָה

محتویات | 169

فصل هشتم

מלון אידיש ◄ לשון הקודש

שרשים בספר א' וספר ב'

מובן בנפעל	מובן בקל	שרש
ווערן באקוקט	באקוקן	ב.ד.ק.
ווערן איינגעצוימט	איינצוימען	ג.ד.ר.
ווערן באראובט	באראובן	ג.ז.ל.
ווערן געשניטן	שנײדן (פאפיר, האלץ, סחורה)	ג.ז.ר.
ווערן געשאנקען	שענקען	ג.מ.ל.
ווערן פארענדיגט	פארענדיגען	ג.מ.ר.
ווערן באהאלטן	באהאלטן	ג.נ.ז.
ווערן געפארשט/גע'דרש'ענט	פארשן/דרש'נען	ד.ר.ש.
ווערן געדענקט	געדענקען	ז.כ.ר.
ווערן געווארפן	ווארפן / ארויסווארפן	ז.ר.ק.
ווערן איינגעטונקען	איינטונקען	ט.ב.ל.
ווערן איינגענומען	איינגענומען	כ.ב.ש.
ווערן געשריבן	שרײבן	כ.ת.ב.
ווערן איינגענומען	איינגענומען	ל.כ.ד.
ווערן געזאמלט	זאמלען	ל.ק.ט.
ווערן געמאסטן	מעסטן	מ.ד.ד.
ווערן פארקויפט	פארקויפן	מ.כ.ר.
ווערן געגעבן	געבן / איבערגעבן	מ.ס.ר.
///////////	ווידערשפעניגן	מ.ר.ד.
ווערן געציעט	ציען / שלעפן	מ.ש.כ.
ווערן פארמאכט	פארמאכן/פארשפארן	ס.ג.ר.
ווערן אנגעליינט	אנלינען	ס.מ.כ.
ווערן געציילט	ציילן	ס.פ.ר.
ווערן פארשטאפט	פארשטאפן	ס.ת.ם.

מובן בנפעל	מובן בקל	שרש
ווערן צושטערט	צושטערן	ס.ת.ר.
ווערן באגעגענט/באגעגענען	באגעגענען	פ.ג.ש.
be disqualified	disqualify	פ.ס.ל.
ווערן באשטימט/געצײלט	באשטימען/ציילן	פ.ק.ד.
ווערן אויפגעבראכן	אויפברעכן	פ.ר.צ.
ווערן אפגעטוהן	אפטוהן	פ.ש.ט.
ווערן אפגעטייטשט	אפטײטשן	פ.ת.ר.
ווערן געקליבן	קלײבן	ק.ט.פ.
ווערן געשפרינגען	שפרינגען	ק.פ.צ.
ווערן אפגעשניטן	אפשנײדן	ק.צ.ר.
ווערן געבינדן	בינדן / קניפן	ק.ש.ר.
ווערן נאכגעיאגט	נאכיאגן	ר.ד.פ.
ווערן געטאנצט	טאנצן	ר.ק.ד.
ווערן אויפגעצייכענט	אפצייכענען	ר.ש.מ.
ווערן צוברא.כן	צוברעכן	ש.ב.ר.
ווערן געדינגען	דינגען	ש.כ.ר.
ווערן געהערשט	הערשן	ש.ל.ט.
ווערן געהיטן	היטן	ש.מ.ר.
ווערן גע'משפט	משפט'ן	ש.פ.ט.
ווערן אויסגעגאסן	אויסגיסן	ש.פ.כ.
ווערן אפגעוואויגן	אפוועגן	ש.ק.ל.
ווערן פארברענט	פארברענען	ש.ר.פ.
ווערן אנגעכאפט	אנכאפן	ת.פ.ס.
ווערן גענייעט	נייען	ת.פ.ר.

מודעה:
אין מטרתינו כלל בזה הספר לבאר כוונה המדויקת שבכל שרש, אלא ללמד ולהרגיל איך להשתמש בשרשים בלשון הקודש.

עניןהבנין | **170**

36644931R00095

Made in the USA
Middletown, DE
13 August 2023